Gerhard H. Jantzen
Biorhythmus

Gerhard H. Jantzen

Bio-rhythmus

Wer klug ist, lebt danach

Ariston Verlag · Genf

Andere Werke aus unserem Verlagsprogramm
finden Sie am Schluß dieses Buches verzeichnet.

CIP-Kurztitelaufnahme der Deutschen Bibliothek

Jantzen, Gerhard H.:
Biorhythmus: wer klug ist, lebt danach / Gerhard H. Jantzen. –
Genf: Ariston Verlag, 1986.
(Ariston Paperback)
Frühere Ausg. u. d. T.: Jantzen, Gerhard H.: Biorhythmik
ISBN 3-7205-1406-4

Gestaltung des Einbandes:
Werbeatelier Jürgen Richter

Printed in Austria 1986

ISBN 3-7205-1406-4

Alles ist einem ewigen Wechsel unterworfen.

GOETHE

Inhaltsverzeichnis

Vorwort

Die Lehre der Biorhythmik, die um die Jahrhundertwende durch erste systematische Untersuchungen von Dr. WILHELM FLIESS begründet wurde, hat sich bis heute zu einem vieldiskutierten, teils auf Anerkennung, teils auf Ablehnung stoßenden Wissenszweig entwickelt.

Der Gegensatz von Anerkennung und skeptischer Zurückhaltung liefert die Energie für die mit viel Enthusiasmus geführte Diskussion, die über den deutschsprachigen Raum hinaus in vielen Ländern der Erde geführt wird. Die zu diesem Thema vertretenen Positionen werden jedoch leider mit derartiger Vehemenz verfochten, daß es seitens vereinzelter fanatischer Befürworter der Biorhythmik wie auch seitens vereinzelter von »Volksverdummung« redender Gegner dieser Wissenschaft zu teilweise unqualifizierten Meinungsäußerungen kommt, die beiden Lagern nicht zuträglich sein können.

Sowohl dem unkritischen Verfechter als auch dem nach Beweisen rufenden Kritiker sollte vor Augen gehalten werden, daß ihre einseitigen Standpunkte leicht vertretbar, jedoch weder für die Forschung noch für die Diskussion fruchtbar sind. In diesem auf empirische Untersuchungen angewiesenen und auf diese abgestützten Forschungszweig dürfen polemische Vorwürfe schlechtinformierter Gegner, die von Vorurteilen ausgehen, aufs entschiedenste zurückgewiesen werden. Sicherlich kennt man derzeit noch keine nachprüfbaren, sinnlich wahrnehmbaren Vorgänge in der Umwelt, die die Theorie der Biorhythmik beweisen könnten. Ist damit aber schon gesagt, daß es diesen Beweis auch in Zukunft nicht geben wird? Und kann man deswegen die Phänomene, auf die sich die Biorhythmik stützt, in Abrede stellen? Wir kennen bestens das Phänomen der Elektrizität, deren wir uns täglich bedienen, und doch gibt es bis heute noch keine gültig bewiesene Theorie der Elektrizität.

Somit fällt der Vorwurf einer unwissenschaftlichen Haltung auf diejenigen zurück, die grundlegende wissenschaftliche Praktiken in Frage stellen, wie sie für sämtliche heute bekannten Forschungsergebnisse auf allen Gebieten der Naturwissenschaften notwendige Voraussetzungen waren. Wer für sich den Anspruch auf Bildung erhebt, kann das Gedankengut der Biorhythmik nicht einfach umgehen, nur weil es nicht – oder noch nicht – nachweisbar ist wie ein physikalisches Grundgesetz.

Der Leser dieser Veröffentlichung wird in der Lage sein, sich sein eigenes Urteil über den Nutzen der Biorhythmik zu bilden, die den gesammelten praktischen Erfahrungen zufolge eine echte Lebenshilfe zu bieten vermag. Er wird aufgrund dieses Buches ferner die Möglichkeit haben, einen persönlichen Versuch zu machen und sich aus der eigenen Praxis sein Urteil bilden können, indem er sich über einen längeren Zeitraum von biorhythmologischen Gesichtspunkten leiten läßt. Sicher läßt sich auf diese Weise ein überzeugenderes und objektiveres Bild gewinnen, als es bloße Theorie und Information zu vermitteln vermögen.

Als vorteilhaft erweist sich die Tatsache, daß sich die

Biorhythmik in fast allen Lebensbereichen anwenden läßt. Ihre Wirksamkeit erweist sich in allen Berufstätigkeiten, in denen nicht nur Durchschnittsleistungen gefordert werden, bei sportlichen Aktivitäten wie Wettkämpfen und Rekordversuchen; die Biorhythmik ist relevant für Unfallverhütung und Gesundheitsfürsorge, sie beeinflußt die Schulleistungen der Kinder und wird für Beratungszwecke bei Partnervergleichen und Störungen der Eheharmonie herangezogen.

Treten Sie diesem – vermutlich für Sie neuen – Wissensgebiet ruhig prüfend entgegen und versuchen Sie, anhand eigener Erfahrungen zu beurteilen, ob auch Sie der Biorhythmik jene hohe Bedeutsamkeit zusprechen können, wie sie in der weltweiten Praxis von Millionen Menschen zum Ausdruck gebracht wird.

Das vorliegende Buch wird Ihnen ferner über die bereits am Markt befindlichen populären und wissenschaftlichen Veröffentlichungen in ihren verschiedensten Aspekten einen ordnenden Überblick verschaffen. Im Schlußteil des Buches finden Sie einfache Anleitungen, wie Sie selbst Ihre Biorhythmen ermitteln und ein Biorhythmogramm erstellen können. Tabellen erleichtern Ihnen die Arbeit.

Dieses Buch soll einem breiten Publikum ein Grundwissen über die Biorhythmik verschaffen und brauchbare Hilfen zur Ermittlung und Entschlüsselung von Rhythmenkonstellationen an die Hand geben, damit jeder einzelne Leser sein Verhalten dem eigenen Rhythmus anpassen kann.

Zugleich ist der Gefahr vorgebeugt worden, daß in die eigenen Auswertungen etwas hineininterpretiert wird, das die tatsächlich relevanten Erkenntnisse verwischen könnte. Mit anderen Worten: Es ist vorgesorgt, daß die Grenzen zwischen Realität und Phantasie nicht überschritten werden können – womit niemandem gedient wäre.

Nicht zuletzt soll Ihnen der Hinweis, daß der Mensch in seinem Verhalten nicht als ein von der Umwelt isoliertes Einzelwesen betrachtet werden kann, einen Anstoß dazu geben, die Reaktionen Ihrer Mitmenschen besser zu verstehen, damit für Sie selbst ein erfolgreiches Zusammenleben auf allen Ebenen gewährleistet ist.

Gerhard H. Jantzen

1. Grundlegendes zur Biorhythmik

Anfänge biorhythmischer Forschung

Sucht man nach den Anfängen biorhythmischer Forschung, so wird man in der Literatur immer wieder auf die Namen WILHELM FLIESS, HERMANN SWOBODA und FRIEDRICH TELTSCHER stoßen. Ihnen wird zugestanden, den Großteil der Pionierarbeit, die zur Theorie der Biorhythmik führte, geleistet zu haben.

Leider wird jedoch meist übersehen, daß die eigentlichen Ursprünge dieser Lehre bis in die Zeiten der Hochkulturen Altägyptens, Griechenlands und der Mayas zurückzuverfolgen sind. Kalender, Schriftstücke und Bildzeichen bezeugen diese Tatsache und können als Beweismittel dafür angesehen werden, daß die genannten Forscher nur Wiederentdecker einer bereits bekannten und angewandten Lehre waren.

Dies soll jedoch nicht die Mühen und Verdienste derjenigen schmälern, die durch ihre Arbeit zum heutigen Erkenntnisstand der Biorhythmik in außerordentlichem Maße beigetragen haben. Hervorgehoben seien insbesondere die umfangreichen Beobachtungen, Untersuchungen und Berechnungen, die wir Dr. med. WILHELM FLIESS (1858

– 1928) verdanken. Als Facharzt für Hals- und Nasenkrankheiten stellte er im Zuge von Langzeitbeobachtungen fest, daß seine Patienten periodischen Einflüssen unterlagen, in denen sie starke Anfälligkeit für Krankheiten zeigten. Aufgrund zahlreicher wissenschaftlicher Untersuchungen und systematischer Aufzeichnungen gelangte er zur Entdeckung des 23- und 28-Tage-Rhythmus.

Fast gleichzeitig wurde seine Theorie durch den von ihm unabhängig arbeitenden Dr. HERMANN SWOBODA (1873 – 1963) bestätigt, der als Professor für Psychologie die Auswirkungen rhythmischer Schwankungen auf das Gefühlsleben beobachtete.

Eine Ausweitung erfuhr die biorhythmische Betrachtungsweise, die sich anfänglich auf den Körper- und Seelenrhythmus beschränkte, durch die empirischen Untersuchungen von Dr. FRIEDRICH TELTSCHER (1885 – 1949). Anhand von Prüfungsergebnissen und Examensarbeiten seiner Studenten errechnete er einen 33-Tage-Rhythmus für die geistig-intellektuelle Leistungsfähigkeit.

Was anfänglich als bloßes Zahlenspiel betrachtet und selbst von den Entdeckern nur mit Vorbehalten vertreten wurde, bestätigte sich seitdem durch verblüffende Ergebnisse. Immer wieder kam man auf die errechneten Rhythmen zurück, was die Vermutung aufkommen ließ, ein Naturgesetz gefunden zu haben, dem alles Lebendige unterworfen ist.

Selbstverständnis der Biorhythmik

Die Biorhythmik ist nur schwerlich mit einem kurzen, präzisen Satz zu definieren. Zu breit gestreut ist ihr Wirkungsfeld und zuwenig klar abgrenzbar sind ihre Lehren von den Naturwissenschaften.

Trotzdem sei an dieser Stelle ein Definitionsversuch angeboten. Regierungsmedizinalrat Dr. H. PAUL definiert die Biorhythmik als »eine periodische Wiederkehr von bestimmten Funktionsabläufen im Organismus, die unabhängig von Leistungen oder sonstigen Belastungen in praktisch gleichen Zeitabständen – also nahezu gesetzmäßig – erwartet werden kann«.

Mit dieser Begriffsbestimmung erscheint die gesamte Lehre der Biorhythmik abgedeckt, ohne Teilbereiche zu berücksichtigen, die sich nach heutigem Wissensstand nicht als gleichwertig nebeneinander stellen lassen. Bezogen auf Pflanzen und Tiere ist der Biorhythmus anhand von Experimenten nachweisbar, was jedoch bei den angenommenen zyklischen Vorgängen im Menschen bisher nicht eindeutig möglich ist.

Daraus ergibt sich die Notwendigkeit, auf Begriffserläuterungen zurückgreifen zu müssen, die sich speziell auf den Menschen beziehen. Von diesem Gesichtspunkt aus stellt sich die Biorhythmik als eine Lehre dar, die die Vorgänge beschreibt, die über den Tagesrhythmus hinausreichen und unbewußte menschliche Leistungsschwankungen im körperlichen, seelischen und geistigen Bereich bewirken.

Die Biorhythmik geht also über diese heute von niemandem mehr angezweifelte Tagesleistungskurve hinaus und versucht, das scheinbar wirre Auf und Ab des täglichen

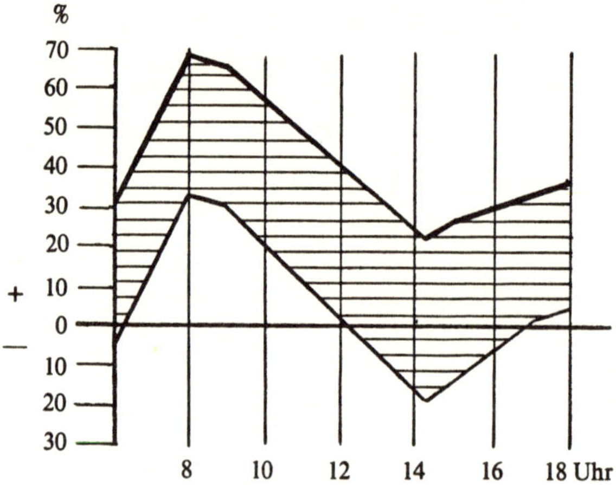

Wissenschaftlichen Untersuchungen zufolge verläuft die tägliche Leistungskurve bei fast allen Menschen wie abgebildet. Bei Nachtmenschen (Spätaufstehern) verschiebt sich die Leistungskurve in einem Ausmaß (von mehr oder weniger Stunden), das der einzelne für sich selbst feststellen muß.

Lebens in einem zeitlich größeren System nachzuweisen. Sie ist als Wissenszweig zu verstehen, der sich mit der Errechnung leistungsstärkerer und leistungsschwächerer Perioden befaßt und dem Menschen die Möglichkeit gibt, sich individuell diesen Gegebenheiten anzupassen.

Infolge solcher Vorausberechnungen traten Mißverständnisse auf, die dem Ansehen der Biorhythmik sehr geschadet und ihre Anerkennung lange Zeit abträglich beeinflußt haben. Voreilige Kritiker und Leser, die sich nur ein oberflächliches Bild angeeignet hatten, ordneten die Arbeit der Biorhythmologen fälschlicherweise dem Gebiet der Astrologie zu. Wer das tut, unterliegt dem Irrtum, daß die Biorhythmik mit bloßen Hypothesen operiere, und vergißt, daß aufgrund der Biorhythmik ja niemals Ereignisse vorhergesagt, sondern lediglich Tendenzen sichtbar gemacht werden, auf die der Mensch entsprechend reagieren kann.

Aus diesem Grund sei noch einmal deutlich hervorgehoben, daß ein Biorhythmogramm kein Ersatzhoroskop darstellt.

Ebensowenig soll es von Fatalisten als eine Art Alibi aufgefaßt und für all die Dinge verantwortlich gemacht werden, die infolge fehlenden Engagements und mangelnden Leistungswillens nicht zu einem erfolgreichen Abschluß gelangen.

Die erklärte Aufgabe der Biorhythmik besteht darin, die für unseren Zustand und unser Verhalten erfolgversprechenden Tendenzen aufzuzeigen und sie somit nutzbar zu machen. Wobei die zwangsläufig auftretenden Phasen der Leistungsschwäche als Regenerations- und Aufbauphasen, die der Sammlung neuer Energien dienen, erkannt und beschrieben werden. Sie stehen als Phasen der Ruhe den energiegeladenen Aktivphasen gegenüber.

Rhythmen im Menschen und in seiner Umwelt

Nachdem in den vorstehenden Kapiteln auf die historischen Gegebenheiten und das Selbstverständnis der Biorhythmik eingegangen wurde, soll hier der Versuch folgen, durch die Aufzählung nicht zu leugnender Phänomene die Existenz von in uns und unserer Umwelt sich geltend machenden Rhythmen zu belegen.

Schon vor Jahrtausenden wurde vom Menschen erkannt, daß unsere Umwelt eine große Anzahl von Erscheinungen aufweist, die bestimmten Rhythmen unterliegen. Der Wechsel von Tag und Nacht, der Ablauf und die Wiederkehr der Jahreszeiten, die Gezeiten der Weltmeere und die Wiederkehr des Voll- und Neumondes sind nur einige Beispiele, die jedermann aufgrund eigener Beobachtungen kennt.

In diese Naturgegebenheiten ist der Mensch seit jeher eingebettet. Jahrtausendelang richteten sich seine Daseinsformen zwangsläufig nach diesen Zyklen der Natur. Die Sonne und der Wechsel der Jahreszeiten bestimmten den Rhythmus des menschlichen Tages- und Jahresablaufs.

Erst infolge der in den letzten Jahrzehnten entwickelten technischen Mittel hat sich der Mensch von diesen Gegebenheiten scheinbar unabhängig gemacht und sein Verhalten entsprechend geändert. Was heute noch bei Naturvölkern als selbstverständlich beobachtet werden kann, ist dem sogenannten »modernen Menschen« fremd geworden. Er hat sich innerhalb weniger Generationen auf Verhaltensweisen und Daseinsformen umgestellt, die in keinem Verhältnis zu seinen jahrtausendelang praktizierten Lebensgewohnheiten mehr stehen.

Die »Verbannung der Nacht« durch das elektrische

Licht, die Überwindung der Ortsgebundenheit durch Flugzeuge und Autos, die weitgehende Ausschaltung von Hitze und Kälte aus dem Alltagsleben durch geheizte und vollklimatisierte Wohnungen und Arbeitsräume, sollen nur beispielhaft diese Tatsache verdeutlichen.

Der Mensch irrt jedoch, wenn er glaubt, sich von den Naturgegebenheiten unabhängig gemacht zu haben. In Wirklichkeit lebt er widernatürlich, verleugnet er die Bedürfnisse seines Körpers, entscheidet und verfügt er über den zeitlichen Einsatz seiner Energien und glaubt sich über die ihm auferlegten Rhythmen beliebig hinwegsetzen zu können.

Zweifellos ist der Mensch in der Lage, den Gesetzmäßigkeiten des Reiz-Reaktions-Schemas, denen die Tier- und Pflanzenwelt unterworfen ist, aufgrund seiner Entscheidungs- und Handlungsfreiheit zu entkommen; doch bedenkt er dabei nicht, daß seine geistigen Möglichkeiten die körperlichen nur bedingt beeinflussen können. Er ist durchaus in der Lage, die Reize der Außenwelt bewußt wahrzunehmen und kann sich, im Gegensatz zu Pflanze und Tier, gesteuert durch sein Denken und Wollen, also weitgehend frei (denn er gehorcht ja auch unbewußten Antrieben und Impulsen) selbst entscheiden, wie er reagieren will. Sein Organismus jedoch läßt den ihn erhaltenden Rhythmus nicht aus seinem normalen Ablauf bringen und reagiert zwangsläufig mit Störungen und Erkrankungen.

Leider sind sich nur wenige Menschen dieser Tatsache bewußt. Das erstaunt um so mehr, als doch beinahe offen zutage tritt, daß alles in uns und um uns, von der kleinsten Körperzelle bis hin zum Lauf der Gestirne, in Rhythmen abläuft. Einige Beispiele mögen das demonstrieren.

Der Organismus des menschlichen Körpers ist einer

Vielzahl von Rhythmen unterworfen. Der Herzschlag erfolgt in manipulierbaren, aber regelmäßigen Abständen. Ebenso ist die Atmung einem Rhythmus unterworfen, der ohne Schädigung des Organismus nur für kürzere Zeiträume verändert werden kann. Ferner weist der Körper einen Schlafrhythmus auf, dessen Unterbrechung über einen längeren Zeitraum hinaus zum Tod führen kann. Der Rhythmus der weiblichen Menstruation, die Schwankungen der Körpertemperatur, Veränderungen des Blutdrucks und der Hormonausscheidung sind weitere Beispiele. Sie könnten beliebig erweitert werden. Doch nehmen wir das Resultat, das sich uns aufgrund der Beobachtung der Natur ganz einfach aufdrängt, vorweg, die Erkenntnis nämlich, daß unser gesamtes Leben und unsere gesamte Umwelt von Rhythmen erfaßt und umgeben sind.

Diese Erkenntnis ist auch auf die körperliche und geistige Spannkraft zu übertragen, die nicht an allen Tagen gleich ist, sondern großen Schwankungen unterliegt. Jedermann wird in dieser Hinsicht auf eine Fülle eigener Erfahrungen zurückgreifen können und sich an »gute« und »schlechte Tage«, an »Glückstage« oder »Pechsträhnen«, an die eigenartige Häufung von Erfolgen oder Mißerfolgen erinnern. Man ist bald »in schlechter Verfassung«, bald »in Hochform«, einmal »schlechter Laune«, einmal »frohen Mutes« – und wie die Schwankungen, denen wir unterliegen, sonst noch umschrieben werden mögen.

All das wurde bisher als gegeben hingenommen, ohne daß nach der Ursache solcher Schwankungen gefragt oder nach einer Regelmäßigkeit im Auftreten dieser Phänomene gesucht wurde. Erst durch die Biorhythmik wird dieser Schritt vollzogen und die Möglichkeit geschaffen, einen

Einblick in die den Menschen beeinflussenden Rhythmen zu erlangen.

Dies geschieht jedoch nicht zum Selbstzweck. Die Biorhythmik gibt Ihnen vielmehr ein Hilfsmittel an die Hand, das Ihnen ermöglicht, die Verwirklichung Ihrer Bestrebungen unter günstigen Voraussetzungen zu beginnen und erfolgreich zu beenden.

2. Die verschiedenen Biorhythmen

Will man die Lehre der Biorhythmik von ihren Anfängen bis zu ihrem heutigen Erkenntnisstand beschreiben und erklären, so wird es unumgänglich notwendig, immer wieder Beispiele aus der Natur heranzuziehen.

In dieser Veröffentlichung wurde bereits mehrfach betont, daß der gesamte Mikro- und Makrokosmos von Rhythmen beeinflußt wird. Diese Tatsache soll als Grundlage für die Ausführungen der folgenden Kapitel aufgefaßt und hier noch einmal durch weitere Überlegungen und Kommentare von Forschern von Rang untermauert werden.

Das gesamte Geschehen im Weltall ist als ein stetiges, in zeitlichen Abläufen sich vollziehendes Kommen und Gehen zu erkennen. In diesem Zusammenhang schrieb Professor L. Rensing: »Der Aspekt des Lebens als Veränderung, als Prozeß, als ständiges Werden und Vergehen, ist überall in unserer heutigen Vorstellungswelt zu finden. Wir messen den Zeitablauf anhand von periodisch wiederkehrenden Ereignissen in der Umwelt.«

Somit ergibt sich bei logischer Denkweise, daß sich der Prozeß des Werdens und Vergehens in zwei Phasen teilen läßt, der, als Ganzheit betrachtet, den Existenzzeitraum ausmacht. Der Zeitraum des Werdens ist die Phase, in der Energie gebraucht und aktiviert wird, wogegen sich die Phase des Vergehens als energielos und ruhend darstellen läßt. Da aber bei allem, was von Rhythmen beeinflußt wird, nicht nur ein Rhythmus als existent, sondern auch ein Interdependenzverhältnis zwischen Kurzzeit- und Langzeitrhythmen festzustellen ist, müssen sich die Auf- und Abbauphasen der Kurzzeitrhythmen ständig wiederholen.

Sie können also folglich nicht als reine Zerfallsphasen gesehen werden. Aus dem Ende dieser Perioden erwächst nämlich folgerichtig eine neue Aufbauphase, die ihre Energie aus der sich lediglich regenerierend verhaltenden Abbauphase erhält. Dieser Vorgang läßt sich – wie es in der Biorhythmik zur Darstellung von Biokurven genutzt wird – als Sinuskurve darstellen:

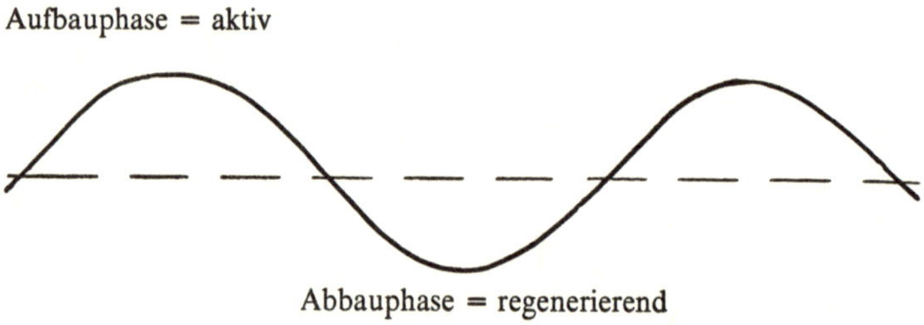

Zu dieser Tatsache schreibt, zitiert aus *Mit Biorhythmik zum Erfolg* von Hanns Kurth (Schröder Verlag, Kleinjörl), Professor Jacob: »Wir müssen, weil die Wellennatur, die eine Grundeigenschaft der Materie ist, uns nicht besonders wundern, wenn diese Eigenschaft gelegentlich auch in der unseren Sinnen direkt zugänglichen Welt immer wieder durchbricht. Mechanische Betrachtungen, welche der Wellennatur der Materie Rechnung tragen, werden auf alle

Fälle richtig sein. Die Vorstellung von der Wellennatur der Materie hat sich nämlich in all ihren Forderungen als richtig erwiesen.«

Diese Aussage läßt sich direkt auf den Menschen übertragen und durch rhythmische Organtätigkeiten belegen. So ist zum Beispiel der Herzschlag, als Ablauf von Spannung und Entspannung, für eine von vielen rhythmischen Organtätigkeiten anzuführen.

Gehen wir noch einen Schritt weiter und verdeutlichen wir uns die Beeinflussung unseres Körpers durch rhythmische Prozesse anhand eines Zitats von Professor Dr. ADOLF BUTENANDT, Nobelpreisträger und Direktor des Instituts für Biochemie in Tübingen: »In den letzten Jahren hat sich eine neue Anschauung in der Chemie der Zelle geltend gemacht, denn die lebende Zelle ist keineswegs, auch nicht vorübergehend, als etwas Statisches hinzunehmen. Es entwickelt sich ein fortlaufendes Einschmelzen und Aufbauen. Durch Experimente ist bewiesen, daß sich die Zellen, ohne ihre Form zu verlieren, in einem dauernden Auf- und Abbau befinden.«

Wenn also unser ganzer Körper, bis hin zur kleinsten Zelle, solchen Prozessen unterworfen ist, bedarf es keiner weitergehenden Erklärung mehr, daß somit auch unsere gesamte körperliche und geistige Spannkraft von diesen Erscheinungen beeinflußt wird.

Geleitet von solchen Überlegungen und untermauert von langjährigen Beobachtungen von Phänomenen, die an Tausenden von Personen durchgeführt wurden, hat sich die Biorhythmik entwickelt. Sie geht von der Existenz dreier Biorhythmen aus, die ihre Wirkungsweisen gegenseitig beeinträchtigen können. Auf diese Rhythmen soll nachfolgend näher eingegangen werden.

Der Körperrhythmus

Der Mensch verfügt nicht nur über einen, sondern über mehrere, nämlich drei Rhythmen.

Der kürzeste dieser Rhythmen ist der Körperrhythmus, auch männlicher Rhythmus genannt. Er dauert 23 Tage. Auf diesen Rhythmus legte Dr. W. Fliess den Schwerpunkt seiner Untersuchungen; er erstellte Statistiken, die über die physische Leistungsperiodizität seiner Patienten Auskunft geben.

Die verblüffende Wiederkehr bestimmter Phänomene, die sich durch Tausende von Beispielen belegen lassen, halten immer diesen bereits erkannten 23-Tage-Rhythmus ein und untermauern die Fließsche Theorie.

Danach ergibt sich folgendes Kurvenbild:

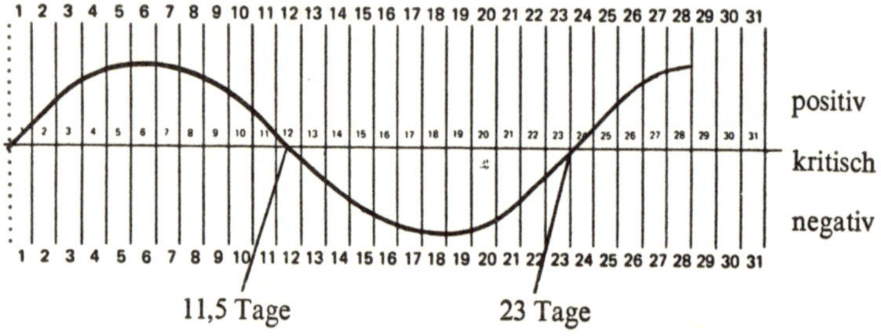

Die ersten 11,5 Tage schwingen im positiven Bereich. Dann wird die Mittellinie gekreuzt, und die Schwingung setzt sich 11,5 Tage im negativen Bereich fort, bevor sie die Mittellinie erreicht und wieder in die positive Phase schwingt.

Was bedeutet das? Um diese Frage zu beantworten, braucht man nicht auf hypothetische Erklärungen zurückzugreifen, sondern man kann sich aufgrund eigener Beobachtungen und Erfahrungen ein Urteil bilden.

Halten wir uns noch einmal den Geltungsbereich des Körperrhythmus vor Augen: unsere Gesundheit, unser Wohlbefinden, die Leistungsfähigkeit und Belastbarkeit sind die Bereiche, die vom Körperrhythmus beeinflußt werden.

Im Bereich der positiven Phase herrscht eine günstige Ausgangslage für körperliche Aktivitäten, die Kraft und Ausdauer verlangen. Ebenso wird unsere Widerstandskraft davon berührt. Es empfiehlt sich darum, in diesen Phasen Operationen, Zahnextraktionen, Impfungen usw. vornehmen zu lassen; diese Phase ist geeignet, mögliche Komplikationen zu vermeiden und eine schnelle Heilung herbeizuführen.

In der negativen Phase dagegen stehen diese Merkmale unter umgekehrtem Vorzeichen. Der Körper braucht Ruhe, ermüdet schnell, ist anfällig für Krankheiten und ist somit nur wenig belastbar.

Dieser Wechsel ist jedoch nur ein ganz natürlicher Vorgang, denn der Körper ist auf Ruhepausen angewiesen, um Kraft für die nächste Aktivphase sammeln zu können. Kritisch muß man allerdings die Tage betrachten, an denen die Mittellinie gekreuzt wird. Zu dieser Zeit herrscht ein Zustand körperlicher Unausgeglichenheit und Labilität. Krankheiten können sich verschlechtern, eine Erhöhung der Unfallgefahr infolge Unaufmerksamkeit tritt auf, und Launen und geringe Selbstbeherrschung sind weitere typische Merkmale der negativen Phase.

Doch was nützt uns all dieses Wissen? Es nützt uns so lange nichts, als wir unseren persönlichen Rhythmenstand nicht kennen. Erst wenn wir ihn kennen, ist es uns möglich, die positiven Phasen zu nutzen, uns in negativen Phasen zu erholen und nicht zu überanstrengen und an kritischen Tagen besondere Vorsicht walten zu lassen – mit dem Resultat, das vorher Gesagte nach einiger Zeit bewußter Beachtung unserer Rhythmen bestätigen zu müssen.

Auch Dr. W. Fliess hatte schon den geringen Nutzen der Biorhythmik erkannt, solang man nicht jedem Menschen sein persönliches Rhythmogramm in die Hand geben konnte, um ihm die Ausnutzung seiner positiven Phasen zu ermöglichen. Doch wo sollte man bei der Errechnung des Kurvenbildes beginnen?

Nach langjährigen Forschungen und Erörterungen haben sich die maßgebenden Forscher auf den Tag der Geburt, wenn möglich unter Berücksichtigung der Geburtsstunde, geeinigt. Dies betrifft natürlich auch die beiden anderen Rhythmen.

Walter A. Appel schreibt dazu in seiner *Biorhythmik* (Falken Verlag, Niedernhausen):

»Nun beginnt allerdings das neue Leben zum Zeitpunkt des Eindringens des männlichen Spermatozoons in die weibliche Eizelle, also im Augenblick der Befruchtung; doch dieser Moment ist wohl in keinem Fall genau feststellbar, es sei denn, man nimmt die Befruchtung künstlich außerhalb der Gebärmutter vor. Erst bei der Geburt aber, wenn das kleine Lebewesen zum erstenmal Luft, Licht und Wärme selbständig erhält, werden durch periodisch ablaufende Hormonausschüttungen die unterschiedlichsten Organe zur Eigenaktivität angeregt.

Die Geburt des Menschen stellt mithin den Zeitpunkt dar, an dem viele biologische Vorgänge beginnen, an dem die biologischen ›Uhren‹ zu ticken anfangen. Sie laufen dann – von Mensch zu Mensch mit der durch den Zeitunterschied der Geburt bedingten zeitlichen Verschiebung – bis zum Ende des Lebens.«

Somit kann heute jeder Mensch seinen Rhythmenstand aufgrund seines genauen Geburtsdatums errechnen oder errechnen lassen und sich einen auf günstige Voraussetzungen abgestellten »Lebensfahrplan« erstellen lassen.

Der Seelenrhythmus

Die Seelenkurve weist einen 28tägigen Rhythmus auf. Sie wird von W. Fliess auch als weiblicher Rhythmus bezeichnet. Dieser Rhythmus gibt Aufschluß über das seelische Geschehen. Bisweilen begegnet man in der Literatur auch anders lautenden Bezeichnungen. So wird etwa vom »emotionalen Rhythmus« oder »Empfindungsrhythmus« gesprochen; gemeint ist dasselbe: der Seelenrhythmus.

Der Seelenrhythmus beeinflußt unsere Empfindungs- und Kontaktfähigkeit, unser Einfühlungsvermögen, unsere Stimmung (gute Laune oder Mißmut, Harmonie oder Unausgeglichenheit, euphorische oder melancholische Anwandlungen) wie auch unsere Kreativität. Kurz gesagt: Die Kurve gibt Aufschluß über die sogenannten »höheren Gefühle« und steht damit im Gegensatz zu den an die Körperkurve gebundenen Gefühlen wie zum Beispiel Lustgefühle, sexuelle Empfindungen usw.

Der Rhythmus durchläuft, wie gesagt, 28 Tage und weist somit 14 positive und 14 negative Tage auf. Der jeweils kritische Tag folgt auf den vierzehnten Tag, oder, anders ausgedrückt, der kritische Tag ist jeweils der erste und der fünfzehnte Tag.

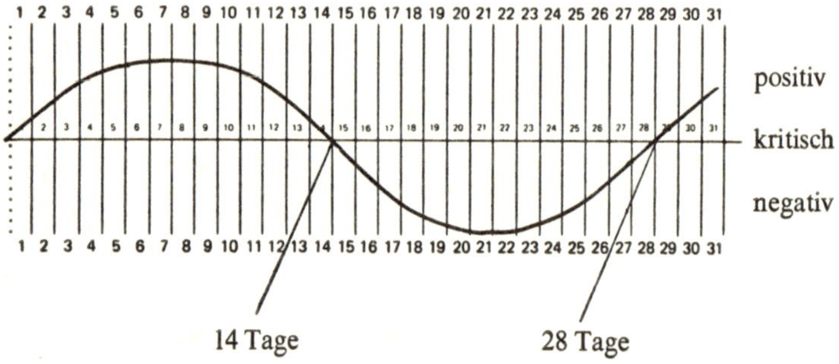

In den ersten vierzehn Tagen befindet sich die Kurve in der Hochphase. Zu dieser Zeit steht man den Gegebenheiten des Lebens positiv gegenüber. Bereitschaft zu konstruktiver Zusammenarbeit begünstigen die zwischenmenschlichen Kontakte, und man selbst fühlt sich ausgeglichen und zufrieden. Diese Phase begünstigt Vorhaben wie Prüfungen, öffentliche Auftritte und Wettbewerbe; sie fördert die kreative Schaffenskraft und unterstützt die Anbahnung partnerschaftlicher Beziehungen.

Insbesondere bei der Frau sind während dieser Zeit Zärtlichkeitsphasen zu beobachten, was im engen Zusammenhang mit ihrem ausgeprägteren Gefühlsleben steht. Verallgemeinert könnte diese Aussage dahin erweitert werden, daß sensible Menschen bei diesem Kurvenstand größere Auswirkungen feststellen werden als robustere Personen.

Steht die Kurve dagegen in der Tiefphase oder sinkt sie gerade (indem sie die Mittellinie schneidet) ins Tief ab, so besteht die Tendenz zu Neigungen, die mit Unlust, Depressionen, Unausgeglichenheit usw. beschrieben werden können. Bezieht man in seine Auswertungen noch den Stand der Körperkurve mit ein, so läßt sich bei einem gleichzeitigen Tiefstand von Seelen- und Körperkurve Anfälligkeit für Krankheiten voraussagen.

Hans Genuit schreibt in seinem Buch *Praxis der Biorhythmik* (Turm Verlag, Bietigheim) dazu:

»Aufgrund von Untersuchungen Hunderter von Todesfällen wurde festgestellt, daß der Tod meist dann eintritt, wenn die Seelenkurve sich im Tief befindet bei gleichzeitig aufsteigender Geistkurve und oft abfallender Körperkurve.

Das würde der in geisteswissenschaftlichen Vereinigungen gelehrten These entsprechen, daß die Seele das Bindeglied sei zwischen dem grobstofflichen Körper und dem Geist, dem unsterblichen Selbst, für das der Körper nur die Wohnung für dieses Erdenleben sei, ein Bindeglied, das sich beim Tod auflöse, und zwar innerhalb von einigen Tagen. Oft stellt man fest, daß diese Kurve ihren Nullpunkt zwei bis drei Tage nach dem Eintritt des Todes erreicht!«

Wie bereits erwähnt, liegen jedoch die kritischen Tage zwischen einer Hoch- und Tiefphase auf der Mittellinie, die durch die aufsteigende oder absinkende Kurve geschnitten wird.

An diesen Tagen verstärken sich die ungünstigen Tendenzen der negativen Tiefphase. Impulsive Reaktionen, Überreiztheit, unausgeglichener Gemütszustand usw. veranlassen zu solchen Zeiten oft zu unüberlegten Gefühlsausbrüchen. Angesichts der dann meist grundlos provozierten Auseinandersetzungen oder überstürzt vorangetriebenen risikoreichen Unternehmungen reagieren die Mitmenschen begreiflicherweise verständnislos. Nur zu oft bedarf es langer und großer Bemühungen, um die Auswirkungen kritischer Tage wieder auszugleichen oder vergessen zu machen. Ein Blick auf das Rhythmogramm hätte die ungünstige Kurvenkonstellation erkennen lassen und möglicherweise zu einem vorsichtigeren, überlegteren Handeln veranlaßt.

Der Geistrhythmus

Dr. Ing. Friedrich Teltscher war der Entdecker des dritten Rhythmus. Er errechnete aufgrund von Untersuchungen an mehreren tausend Studenten einen 33-Tage-Rhythmus und wählte die Bezeichnung »intellektuelle Kurve«. Dieser Begriff wird auch heute noch in den USA und in Japan angewandt, drückt jedoch nicht den gesamten Einflußbereich dieser Kurve aus.

F. Teltscher ließ sich von folgendem Gedanken leiten: »Warum nur zwei Grundrhythmen? Unser Lebensraum ist doch dreidimensional, und demgemäß muß auch jeder Mensch von einer dreifachen Rhythmik bewegt werden: einer körperlichen, einer seelischen und einer geistigen. Erst der Zusammenklang dieser drei Potenzen formt die Persönlichkeit und ihre Auswirkungen im Leben.«

Die Auswirkungen, die Teltscher beobachtete, waren in den Hochschularbeiten seiner Studenten ablesbar und zeigten die Leistungsschwankungen in Abhängigkeit vom jeweiligen Kurvenstand.

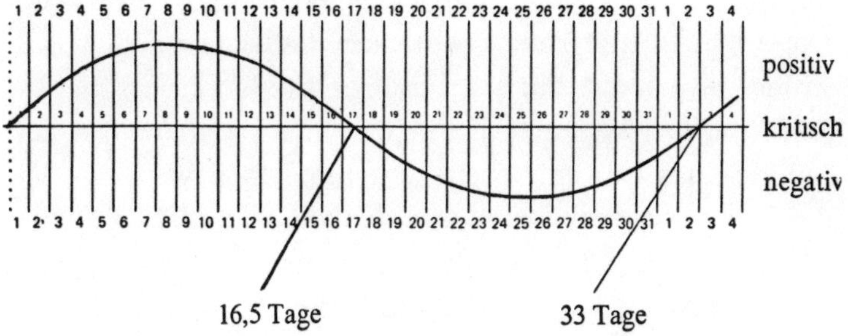

Der 33-Tage-Rhythmus wurde hierdurch einwandfrei nachgewiesen. Er kann durch ein Zitat aus dem Buch *Die Biodynamik, ein Kerngesetz der lebendigen Natur* (Selbstverlag, 1965) des Schweizer Biorhythmologen HANS R. FRÜH untermauert werden:

»Jeder Intellektuelle weiß, daß seine Leistungsfähigkeit steten Schwankungen unterworfen ist. Auch jeder Lehrer weiß aus Erfahrung, daß das Aufnahmevermögen eines Schülers nicht konstant ist, sondern ständigen merklichen Veränderungen unterliegt.

Und jeder Kaufmann, jeder Buchhalter (und namentlich jeder reisende Kaufmann) weiß aus eigener Erfahrung, daß seine Fähigkeiten zum Diktat, zur Abfassung von Werbeschriften, Briefen, Verträgen, seine Sicherheit im Rechnen, in Bilanzarbeiten oder seine geistige Spannkraft und Reaktionsbereitschaft in der Verhandlung oder im Verkaufsgeschäft nicht an allen Tagen gleich ist.

Diese Ungleichmäßigkeit aller Lebenserscheinungen und Kräfteabläufe ist das Charakteristische auf unserem Planeten, dessen Umlauf um die Sonne die meisten zeitlichen Abläufe im Sinne von Geburt und Tod, Wachstum, Wohlbefinden und Krankheit im Takt des astronomischen Jahres induziert, nebst der durch die Rotation der Erde um ihre Achse verursachten kleineren Periode des Tages. Diese beiden Zeitgrößen beherrschen alles Geschehen auf Erden, und wenn der seinerzeitige Entdecker der Periodenlehre, Dr. WILHELM FLIESS, an einem ungeheuren, im Laufe seines ganzen Lebens gesammelten Beweismaterial die These von zwei Grundperioden von 23 und 28 Tagen – als der Lebenszeit einer Einheit männlicher bzw. weiblicher Substanz – vom rein biologisch-ärztlichen Standpunkt aus aufstellte, so bestätigt die souveräne Wissenschaft der Astronomie heute seine Entdeckung und weist nach, daß diese beiden Grundwerte (wie auch die von Professor FRIEDRICH TELTSCHER zunächst hypothetisch aufgestellte Zahl 33 als dem Intervall des von ihm postulierten intellektuellen Rhythmus) letztlich astronomisch begründete Zyklen sind.«

Vielleicht liegt in der auf Hochschularbeiten begrenzten Untersuchung Teltschers auch der Ursprung für den zu eng gefaßten Begriff seiner »intellektuellen Kurve«. Mit diesem Begriff erscheint das Wirkungsfeld nicht klar genug umrissen bzw. nicht vollständig abgedeckt; der Geistrhythmus gibt ja auch Aufschluß über die geistigen Kräfte des Menschen, über sein geistiges Potential wie zum Beispiel Lebensenergie und Lebenskraft, das Vorherrschen oder Fehlen von Selbstsicherheit, Lebensbejahung usw.

Beobachten lassen sich die Auswirkungen etwa an den Meßgrößen der Anpassungsfähigkeit, Denkfähigkeit, Urteilskraft, der Auffassungsgabe und Aufmerksamkeit, des Reaktionsvermögens und Gedächtnisses.

Betrachten wir auch zu diesem Rhythmus die Hoch- und Tiefphase:

Die ersten 16,5 Tage – die Kurve befindet sich im Hoch – sind gekennzeichnet durch ausgeprägte geistige Aktivität. Man durchläuft eine Zeit, in der man sich Lernstoff gut einprägen kann; logische Gedankengänge können rasch und sicher vollzogen, und bereits Bekanntes kann schnell aus dem Gedächtnis abgerufen werden. Diese Zeit ist deshalb für Prüfungen, Geschäftsverhandlungen und alle anderen Situationen, in denen unsere geistige Beweglichkeit gefordert wird, außerordentlich geeignet.

In der Tiefphase hingegen befindet man sich wieder in einem Ruhezustand, wo Gedächtnis und Reaktionsvermögen, Konzentrations- und Denkfähigkeit nicht so rege sind.

Eine Steigerung dieser Tendenz ist an den kritischen Tagen zu beobachten, und es empfiehlt sich, zu dieser Zeit keine wichtigen Entscheidungen zu treffen und Prüfungen durch die Auswahl anderer Tage in eine günstigere Periode zu verschieben. Ferner sind in dieser Phase Neigungen zu Fehlern und Unfallgefahr infolge von Irrtümern und geistigen Kurzschlüssen festzustellen.

An diesen Tagen sollte man sich deshalb besonders vorsehen, bewußt kritische Situationen meiden und überlegt und umsichtig handeln.

In diesem Fall jedoch ängstlich zu reagieren wäre unangebracht, denn durch den »Tiefstand« der Kurve wird ja noch lange kein Unglück heraufbeschworen.

Hans Genuit erklärt das in seinem schon zitierten Buch sehr einleuchtend:

»Wer seine Geistkurve verfolgt, wird die Periodik seiner geistigen Kräfte sehr bald erkennen und nutzen können. Jedes Absinken der Geistkurve sollte er jedoch nur als ›schöpferische Pause‹ betrachten, nicht als negatives Stadium. Der echt naturgemäß lebende Mensch wird schnell feststellen, daß jedes Absinken einer Kurve letztlich nur eine Erholungspause ist, in der auf den Entsprechungsgebieten der Kurve neue Kräfte einfließen, die sich dann beim Aufsteigen der Kurve mehr und mehr realisieren, um beim Kurvenstand im Hoch volle Verwirklichung zu finden.«

Kurveninterdependenz

Betrachtet man sein Biorhythmogramm, so kann man den jeweiligen Stand der Körper-, Seelen- und Geistkurve ablesen. Dies bedeutet jedoch nicht, daß dadurch gleichzeitig die »Tagesform« für die körperliche, seelische und geistige Leistungsfähigkeit ablesbar ist.

Vielmehr muß davon ausgegangen werden, daß sich die drei Kurven wechselseitig beeinflussen. Dies ist besonders bei den beiden Kurven festzustellen, die den körperlichen (männlichen = M) und seelischen (weiblichen = W) Rhythmenstand darstellen.

Hugo Max Gross erklärt das in seinem Buch *Biorhythmik* (H. Bauer Verlag, Freiburg i. Br.) wie folgt:

»Die beiden Rhythmen M und W nennt man Substanzrhythmen, weil sie gemeinsam nebeneinander herlaufend das jeweilige körperliche Kräftebild widerspiegeln. Deshalb sind beide, abgesehen von ihren unterschiedlichen psychologischen Ausstrahlungen, für die leibliche Zustandsform maßgeblich. Das gilt besonders im Krankheitsfall, wo die periodischen Tage beider Rhythmen zusammengenommen in chronologischer Folge als Krisenpunkte auftreten. Dieses Faktum erklärt sich aus der Zweigeschlechtigkeit jedes Geschöpfes.

Alles Leben resultiert aus dem Zusammenwirken von männlicher und weiblicher Substanz. Auch unser Körper setzt sich sowohl aus männlichen wie auch aus weiblichen Stoffeinheiten zusammen, die fortwährend zeugend aufeinander wirken. Der immerwährende Auf- und Abbau unseres Zellenstaates ist ein pausenloser Zeugungsvorgang.«

Aus alledem läßt sich folgern, daß die Rhythmen M und W in bezug auf ihre Beeinflussung der körperlichen Spannkraft gleichwertig sind. Nur ihre psychologischen Auswirkungen sind verschieden. Da Körper und Seele in engster Wechselwirkung zueinander stehen, ist leicht einzusehen, daß ein schwacher Körper durch eine starke Seele und umgekehrt eine empfindsame Seele durch einen starken Körper kompensiert werden.

Diese wechselseitige Beeinflussung wurde auch von Hans Genuit erkannt, der daraufhin aus den Mittelwerten dieser drei Kurven eine vierte Kurve errechnete, die er »Erfolgskurve« nannte. Nach mehreren Reihenuntersuchungen erklärte er im Juni 1950 seine Schlußfolgerung wie folgt:

»Da 28 mathematisch genau die Mitte zwischen 23 und 33 ist und ich die Bedeutung solcher Mittelwerte auch schon auf anderen Gebieten gefunden hatte, nahm ich an, daß die betonte Bedeutung der 28er-Kurve in dieser ihrer Mittelwertstellung begründet liegen könnte. Was lag da näher, als bei wichtigen Geschehnissen den Mittelwert aller drei Kurven auf seine mögliche Aussagefähigkeit zu untersuchen? Das tat ich ungefähr zwei Jahre lang und stellte fest, daß man dadurch einen Erfolgstrend findet. Ich habe das also rein empirisch gefunden. Eine wissenschaftlich begründete Erklärung habe ich dafür noch nicht.«

Wie groß die Aussagekraft dieser vierten Kurve ist, beruht bis heute lediglich auf Vermutungen. Anhand von Beobachtungen konnten oft mit der Erfolgstendenz übereinstimmende Resultate festgestellt werden; doch ebenso gab es Fälle, bei denen die Kurve im Gegensatz zum Geschehen stand.

Aus diesem Grund soll an dieser Stelle nicht näher auf dieses noch weiter zu erforschende Feld wissenschaftlicher Arbeit eingegangen werden. Vielmehr soll eine Deutung der verschiedenen Kurvenkonstellationen angeschlossen werden.

3. Die verschiedenen Kurvenkonstellationen

Blicken wir noch einmal zurück auf den bis hierher bereits zurückgelegten Weg unserer Erörterung der Rhythmenlehre:

- Das gesamte Weltgeschehen, einschließlich aller Organismen, wird von Rhythmen durchpulst und gesteuert.
- Der Mensch wird nicht nur von einem, sondern von drei Rhythmen beeinflußt.
- Diese drei Rhythmen haben ihre eigenen Wirkungsbereiche, beeinflussen aber wechselseitig wirkend ihre Wirkungskraft.

Für dieses nun anstehende Kapitel ist es wichtig, sich noch einmal die Einflußbereiche der drei Rhythmen vor Augen zu halten:

Der körperliche Rhythmus zeigt uns den Zustand der körperlichen Kräfte, seiner Belastbarkeit und Anfälligkeit an. Ihm sind auch Kräfte wie Aggressivität, Waghalsigkeit, Unternehmungslust, Mut, Optimismus, Zorn, Selbstvertrauen und Zuversicht zuzuordnen.

Der seelische Rhythmus bezieht sich mit seiner Konstellation auf den Zustand des Gemüts, die seelische Verfassung, die Gestimmtheit eines Menschen. Er zeigt sich in

Kräften wie in guter Laune, Humor, Intuition, Hoffnung, tiefem Gefühl.

Der geistige Rhythmus, auch intellektueller Rhythmus genannt, zeigt den Zustand des Geistes. Ihm sind Kriterien wie Logik und Kombinationsgabe, Gedächtnis und Schlagfertigkeit, die verbale Ausdrucksfähigkeit, Konzentrations- und Reaktionsfähigkeit zuzuordnen.

Auf dem Biorhythmogramm nun kann man den Stand der Biokurven ablesen, seine Tagesform einschätzen und sein Handeln danach einrichten. Die Wellen, die über der Mittellinie liegen, zeigen die positiven Phasen, die Wellen unterhalb dieser Linie die negativen Phasen. Als kritische Punkte sind insbesondere die Schnittpunkte zu beachten, die auch periodische und halbperiodische Tage genannt werden. Sie gelten als Anzeiger für Tage erhöhter Unfallgefahr, Krankheitsanfälligkeit oder allgemeiner Fehlleistungen.

Wie bereits betont, stehen die Kurven jedoch nicht ohne gegenseitige Beeinflussung nebeneinander. Vielmehr können die Tendenzen der Einzelkurven durch den Rhythmenstand einer anderen oder gar beider Kurven verstärkt oder abgeschwächt werden.

Läuft also eine Hochphase parallel zu einer zweiten – zum Beispiel die Hochphase der körperlichen und der seelischen Kurve –, so ist mit einer Verstärkung der positiven Ausgangslage zu rechnen. Umgekehrt verhält es sich bei einer Verdoppelung von Tiefphasen. Steht hingegen einer Hoch- eine Tiefphase gegenüber, so ist mit einer Abschwächung der Tendenzen in beiden Wirkungsbereichen zu rechnen.

Ferner spielt bei der Auswertung eine Rolle, von welcher der zwei anderen Kurven eine dritte verstärkt oder abgeschwächt wird. Die seelische Kurve ist zum Beispiel in bezug auf die körperliche von größerer Bedeutung und Wirkung als die geistige Kurve.

Um eine von Fehlinterpretationen freie Auswertung von Rhythmogrammen zu gewährleisten, soll nun eine Übersicht gegeben werden, die alle Kurvenkonstellationen aufzeigt und die dabei auftretenden Tendenzen verdeutlicht.

Betont sei jedoch an dieser Stelle noch einmal, daß die Biokurven keine Horoskope darstellen. Sie geben lediglich Tendenzen an und beinhalten nicht das Gelingen oder das Scheitern bestimmter Vorhaben.

Es kommt zudem sehr stark auf die Persönlichkeit des einzelnen Menschen an, wie intensiv er von seinen Rhythmen beeinflußt wird. Ein sensibler oder seelisch angeschlagener Mensch wird bei einer Tiefphase der Seelen- und Geistkurve stark depressive Verhaltensweisen zeigen, wogegen ein ausgeglichener oder robusterer Mensch, bei gleichem Rhythmenstand, kaum eine Veränderung seiner Verhaltensweisen feststellen wird.

Stehen alle drei Kurven im Hoch, so ist damit noch kein Erfolg »garantiert«. Mit einem solchen optimalen Kurvenstand ist lediglich die positive Grundlage zum Erfolg gegeben. Das befreit natürlich niemanden von der Notwendigkeit eigener Bemühungen und Anstrengungen, wenn man sein Ziel erreichen will. Anhand eines Beispiels ausgedrückt: Ein schlechter Tennisspieler in äußerster Hochphase wird zwar eine Leistungssteigerung erkennen, aber voraussichtlich nicht einen in einer Tiefphase befindlichen guten Spieler besiegen können.

Der Biorhythmus zeigt also lediglich die individuelle Disponiertheit und Leistungsstärke, gibt aber selbstverständlich keinen Aufschluß über das Verhältnis der eigenen Leistung gegenüber jener anderer Menschen.

Die nachfolgenden Beispiele verschiedener Rhythmenlagen sollen die Interpretation von Biorhythmogrammen erleichtern. Zwangsläufig wird dabei nur von Hoch- und Tiefphasen ausgegangen, an denen man dann, je nach festgestellter Kurvenkonstellation, seine eigenen Werte relativieren muß.

Die Reihenfolge der verschiedenen Konstellationen erfolgt in Anlehnung an den Kurvenlauf nach der Geburt. Alle drei Rhythmen durchlaufen dann zuerst die Hochphase und schwingen nachfolgend bei unterschiedlichem Stand in ihren 23-, 28- und 33tägigen Rhythmen ein.

Beispiel: Kurvenkonstellation nach 33 Tagen

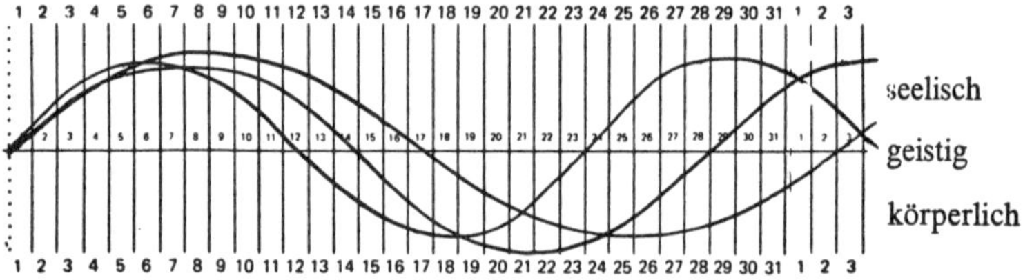

Bereits nach dem ersten Rhythmusintervall sieht die Kurvenkonstellation ganz anders aus. Dem Ungeübten fällt es schon an dieser Stelle nicht mehr leicht, Aussagen über die verschiedenen Leistungsstärken zu machen. Von dieser Stelle aus gibt es 33 x 28 x 23 unterschiedliche Kurvenkonstellationen. Das bedeutet, daß sich erst nach 21.252 Tagen, das heißt, mehr als 58 Jahren, alle drei Kurven wieder gleichzeitig auf der Null-Linie (Mittellinie) schneiden.

Die Rhythmenlagen können also nachfolgend nur idealisiert dargestellt und beschrieben werden, was demzufolge bei der eigenen Auswertung berücksichtigt werden muß. Dazu müssen die anschließend beschriebenen Tendenzen in ihrer Aussage teilweise abgeschwächt verstanden und bewertet werden, was somit gleichzeitig Handlungen und Reaktionen desjenigen beeinflussen soll, der die Auswertung für sich vornimmt.

Zur Darstellung der Konstellationen bedienen wir uns formelhafter Kürzel, wobei + Hochphase und – Tiefphase bedeuten, ferner:

K = körperliche Kurve
S = seelische Kurve
G = geistige Kurve

K+ S+ G+

Dies ist die beste aller Rhythmenstellungen. An diesen Tagen werden körperliche Leistungen und geistiges Schaffen jeder Art begünstigt. Sie sollten versuchen, wichtige Vorhaben und Entscheidungen in dieser Zeit abzuwickeln, um die positive Grundlage für den angestrebten Erfolg zu nutzen.

Unter positivem Vorzeichen stehen insbesondere Prüfungen, geschäftliche Vereinbarungen, künstlerische Tätigkeiten und sportliche Höchstleistungen.

K+ S+ G–

Ihre geistigen Kräfte sind in einer Ruhe- und Erholungsphase. Verschieben Sie möglichst Arbeiten, die ein Höchstmaß an Konzentration und Scharfsinn erfordern.

Dagegen befindet sich die körperliche Leistungs- und Widerstandskraft in einer Hochphase. Sie sollten jetzt selbst größten Anstrengungen gewachsen sein. Unter Anstrengungen können nicht nur physische Arbeit und sportliche Betätigung verstanden werden, sondern auch die Widerstandskraft gegen äußere Einwirkungen wie zum Beispiel Schmerzen nach Operationen oder Zahnextraktionen, Behandlungen wie Impfungen und Massagen bis hin zu klimatischen Einflüssen und ihren Auswirkungen.

K– S+ G+

Die Körperkurve befindet sich in der Minusphase. Der Körper braucht diese Phase der Regeneration, um der anschließenden Aktivphase gewachsen zu sein.

Genutzt werden sollte zu diesem Zeitpunkt die erhöhte Leistungsfähigkeit im seelisch-geistigen Bereich. Schüler und Studenten sollten jetzt ihren Lernstoff bewältigen, Geschäftsleute jetzt wichtige Konferenzen abhalten und Verträge abschließen und Konstrukteure und produktive Künstler ihre schöpferischen Arbeiten ausführen.

K+ S– G+

Die Körper- und die Geistkurve durchlaufen die Plusphase. Das Allgemeinbefinden wird damit recht gut sein, läßt aber den seelischen Schwung vermissen. Es mangelt an Begeisterungsfähigkeit, und die Gefühlslage ist durch Bedrücktheit gekennzeichnet.

In dieser Phase sollte man sich mit Dingen beschäftigen, die Konzentration und Reaktionsvermögen ebenso brauchen wie Kraft und Geist. Redegewandte Leute, die ihre Überzeugungskraft einsetzen wollen, finden hier die für ihre Rhetorik günstigste Ausgangslage.

K– S+ G–

Infolge des körperlichen und geistigen Tiefstandes ist die Leistungsfähigkeit in diesen Bereichen gemindert. Körperliche und geistige Anstrengung sollte vermieden werden.

Aufgrund der Hochphase im seelischen Bereich wird die verminderte Leistungsfähigkeit kaum registriert werden, weshalb angesichts dieser Konstellation besonders vor Überanstrengung und Fehleinschätzung körperlicher Spannkraft gewarnt werden muß. In diesen Bereichen ist also Zurückhaltung geboten, was den Sportler veranlassen sollte, sein Tagesprogramm auf Stiltraining und dergleichen zu beschränken.

K+ S– G–

Zum Zeitpunkt dieses Rhythmenstandes ist ein nur mäßiges allgemeines Wohlbefinden zu erwarten. Trotz körperlicher Hochphase ist dies auf die fehlende seelische und geistige Unterstützung zurückzuführen. Infolge schneller geistiger Ermüdung sind Konzentration und Reaktion stark abgeschwächt, und es ist besondere Vorsicht geboten.

Günstig dagegen ist diese Zeit für Training und Kraftsport sowie für harte körperliche Arbeit, da kaum Gefahr zur Überanstrengung besteht.

K– S– G+

Die Geistkurve steht in der Hochphase und begünstigt alle Arbeiten, die Präsenz der Geisteskraft erfordern. Dazu gehören ebenso Reaktion und Konzentration, aber nicht inneres Erleben oder Intuition.

Die körperliche Ruhepause sollte beachtet, anstrengende Betätigungen sowie physikalische Behandlungen, Operationen, Blutspenden und dergleichen sollten vermieden werden. Im allgemeinen ist die Widerstandskraft gegen Schmerzen herabgesetzt.

K– S– G–

Kein Grund zu erschrecken, wenn diese Rhythmenkonstellation auf dem Rhythmogramm abzulesen ist. Die Regenerationsphase der drei Kurven besagt inhaltlich nichts Negatives; sie ist lediglich als Anlauf und Sammlung von Kräften für neue Aktivphasen aufzufassen.

Die Beachtung dieser auch als »schöpferische Pause« benannten Phase ist Grundvoraussetzung für neue Höchstleistungen. Wer das erkennt und nicht bewußt gegen dieses natürliche Bedürfnis unseres Körpers arbeitet, wird sich guter Gesundheit und guter Nerven erfreuen und seine Leistungskraft bewahren.

4. Die kritischen Tage

Neben den verschiedenen Rhythmenlagen im positiven oder negativen Bereich sind für uns auf alle Fälle jene Tage besonders betrachtenswert, an denen sich gleichzeitig zwei oder sogar drei Kurven auf der Nullinie schneiden.

Die Lehre der Biorhythmik sieht in solchen Konstellationen besonders kritische Tage, da sich zu diesem Zeitpunkt die Rhythmen in einem Übergangsstadium befinden und somit keine feste Tendenz aufweisen.

Wilhelm Fliess nannte diese Tage »substanzperiodische Tage« und kennzeichnete sie in seinem Buch *Zur Periodenlehre* (Jena, 1925) wie folgt:

»An den periodischen Tagen befindet sich niemand wohl, weder Mann noch Frau. Unsere Aufmerksamkeit ist an diesen Tagen gemindert, die Spannkraft gelockert, die Laune gedrückt. An solchen Tagen sind wir auch zu Unfällen besonders disponiert.«

Zu diesen – an periodischen Tagen festzustellenden – Anzeichen, an denen die Kurve vom Minus ins Plus überwechselt, kann eine bunte Palette weiterer Symptome genannt werden. Walter A. Appel hierzu in seinem (bereits zitierten) Buch *Biorhythmik:*

»Die Skala reicht von leichter Unsicherheit, von Zerstreutsein und unmotivierter Gereiztheit bis zu auffälligem Fehlverhalten. Körpereigene Abwehrkräfte lassen vorübergehend nach, und es kommt zu plötzlichen Änderungen im Allgemeinbefinden. Krankheitssymptome werden erkennbar, man konstatiert Migräne, Krämpfe, Koliken, Embolien, Herzattacken und epileptische Anfälle. Wiederholt aber wurden auch schlagartige *Besserungen* bestehenden Unwohlseins an periodischen Tagen beobachtet.«

Beim Kranken können die periodischen Tage Anstoß zur Besserung sein.

Mit all dem ist jedoch nicht gesagt, daß solche kritische Tage zu Unfällen, Krankheiten und Fehlleistungen führen müssen. Man ist jedoch in einer Verfassung, die das Unfallrisiko zu erhöhen geeignet ist. Ferner ist in Rechnung zu ziehen, daß sich diese Konstellationen erst dann ungünstig auswirken können, wenn mehrere Risikofaktoren zusammentreffen und somit eine Gesamtsituation zustande kommt, die sich als Ganzes gesehen zu einer Gefahrensituation mit ihren Folgen ausweiten kann. Wie Unfallstatistiken beweisen, hat fast nie ein einziger Umstand allein einen Unfall herbeigeführt, sondern meistens sind es mehrere Faktoren, die durch zeitliches Übereinanderfallen eine unfallauslösende Wirkung hatten.

In dem erwähnten Buch führt WALTER A. APPEL die bei der Entstehung eines Unfalls möglicherweise mitwirkenden negativen Umstände wie folgt an:

Ungünstige Rhythmenlage: Wechseltag vom Hoch ins Tief

Unvorteilhafte äußere Bedingungen: schlechtes Wetter

Seelische Zusatzbelastungen: beruflicher oder familiärer Ärger

Körperliche Hemmnisse: Übermüdung, Zeitdruck, Alkoholgenuß

Unfallgeneigte Tätigkeit: Autofahren, Fliegen, Sportausübung usw.

»Man mag erkennen«, so kommentiert er, »wie von unten her Stufe um Stufe eine höhere Plattform der Gefährdung erreicht wird, bis schließlich die Ungunst der Rhythmensituation den Unfall auslöst, vergleichbar dem berühmten Tropfen, der den Krug zum Überlaufen bringt.

Ist man sich jedoch der Lage bewußt und schränkt an periodischen – den »kritischen« – Tagen das Risiko ein, indem man einen oder mehrere der Faktoren ausschaltet und sich auf seinen inneren biorhythmischen Zustand einstellt, dann bleiben unliebsame Überraschungen aus, und man vermeidet das Ingangsetzen des Überlauf-Mechanismus. So wird die Gefährdung abgebaut.«

Wenn wir von diesen Auswirkungen wissen, sollte es uns nicht schwerfallen, uns durch die Beachtung unseres Biorhythmogrammes auf diese Tage einzustellen.

Aufgrund weitergehender Forschungen speziell über die Wertung von kritischen Tagen wurden neue Erkenntnisse gewonnen, denen zufolge nicht nur die Schnittpunkte kritisch sind, die sich ergeben, wenn die Kurve vom Minus ins Plus wechselt (periodischer Tag = volle Periode). Die auftretenden Reaktionen sind in der Regel stärker als bei halbperiodischen Tagen.

Um diese Erkenntnisse zu überprüfen, wurden langjährige Beobachtungen angestellt und Erfahrungen ausgewertet, die bestätigen, daß an kritischen und halbkritischen Tagen eine erhöhte Geneigtheit zu körperlichem und geistigem Versagen besteht.

Beispiel der kritischen und halbkritischen Tage beim 28-Tage-Seelenrhythmus

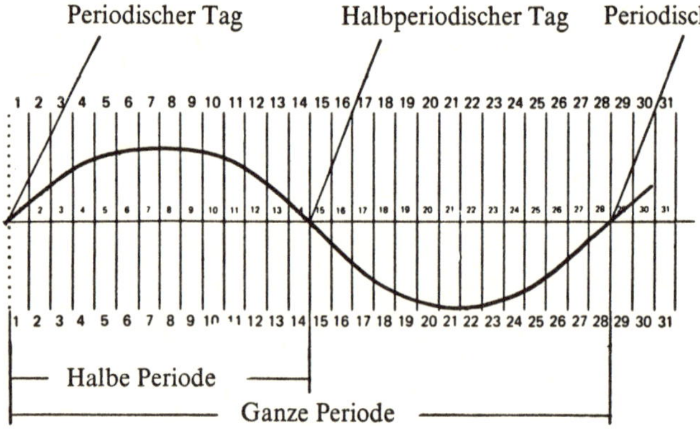

Um das Verfahren der Errechnung eines kritischen Tages zu vereinheitlichen, wird davon ausgegangen, daß bei Geburtsstunden bis mittags zwölf Uhr der Geburtstag als erster Tag zur Errechnung herangezogen wird. Bei Geburtszeiten nach mittags zwölf Uhr wird der Geburtstag plus ein Tag als erster Tag der Berechnung zugrunde gelegt.

Beispiel: 1. Geburtstag 5. August 1970
Geburtszeit 4 Uhr morgens
Berechnungsbeginn 5. August 1970

2. Geburtstag 5. August 1970
Geburtszeit 14 Uhr mittags
Berechnungsbeginn 6. August 1970

5. Anwendung der Biorhythmik im täglichen Leben

So wie die Biorhythmen unsere körperliche, seelische und geistige Leistungskraft beeinflussen, so zeitigen sie zwangsläufig auch Auswirkungen begünstigender oder beeinträchtigender Art hinsichtlich unserer Handlungen und Bestrebungen im täglichen Leben. Diesem Einfluß ist kein Bereich entzogen, in dem Gesundheit, Leistung, Energie, rasche Reaktion und dergleichen eine Rolle spielen.

Das haben schon Tausende von Wirtschaftsführern, Ärzten, Juristen und Verkehrsexperten auf der ganzen Welt erkannt und planen und handeln nach biorhythmologischen Gesichtspunkten. Diese Tatsache gilt für das geschäftliche Leben, den Gesundheitsdienst und das Verkehrswesen ebenso wie für das Privatleben, für sportliche Aktivitäten, für Schule und Studium sowie für Bestrebungen im pädagogischen Bereich.

In Japan werden die Biokurven von Bus-, Taxi- und Lastwagenfahrern ebenso wie von Zugführern von ihren Arbeitgebern errechnet und überwacht. Für die Angestellten werden sogenannte Biokarten geführt. An kritischen Tagen erfolgt eine Warnung, so daß der Fahrer über seine Unfallanfälligkeit informiert ist. Die japanische staatliche

Eisenbahngesellschaft zum Beispiel senkte nach eigenen Angaben ihre Unfallrate durch dieses Warnsystem um rund 58 Prozent.

Die Piloten der United Airlines, der Japan Airlines und der Swissair werden von ihren Fluggesellschaften ebenfalls biorhythmisch überwacht und entsprechend eingesetzt.

Im Folgenden soll nun auf die wichtigsten Bereiche eingegangen werden. Sie können daraus zugleich ersehen, was Sie beachten und was Sie demgegenüber vermeiden sollten.

Anwendung im Berufsleben

Bestimmt hat jedermann schon einmal an sich festgestellt, daß nach Perioden gesteigerter Schaffenskraft eine Phase folgte, in der man von Unlust erfüllt, abgespannt und gehemmt war.

Für Sie als Leser dieser Veröffentlichung ist das zu diesem Zeitpunkt nicht mehr verwunderlich, denn Sie wissen von dem dreifachen, unterschiedlichen, sich wechselseitig beeinflussenden Wellenschlag der Biorhythmen und können sich ihre Einwirkungsmöglichkeiten vorstellen. Mehr noch! Sie wissen bereits, daß die Biorhythmik die Möglichkeit eröffnet, die Schwankungen im körperlichen, seelischen und geistigen Bereich zu ermitteln und richtig einzuschätzen; Sie können daher dementsprechend vorausplanen.

So wird man sich für ein wichtiges Vorhaben einen Tag auswählen, an dem die Rhythmenkonstellation eine positive Grundlage verheißt, oder man wird umgekehrt versuchen, Termine zu verschieben, die auf ungünstige Tage fallen.

Jedoch sei noch einmal betont, daß man nicht glauben darf, damit wäre der Erfolg schon vorprogrammiert. Ohne die notwendigen Bemühungen wird man sein Ziel sicher nicht erreichen.

Auch darf man die positive Kraft, die man in die Wirksamkeit günstiger Tage setzt, nicht überschätzen. Jedermann sollte sich seiner eigenen Leistungsmöglichkeiten und -aussichten bewußt sein und keine Wunderdinge erwarten.

Schwankungen der Leistungskraft wird vor allem derjenige merken, der bei seinem geistigen und körperlichen

Einsatz bis an die Grenze des Erträglichen gefordert wird. Speziell bei solchen Höchstleistungen sind schon geringfügige Schwankungen merklich feststellbar. Im Gegensatz dazu werden Menschen, die eine leichte Tätigkeit verrichten, bei denen sie so gut wie nie an ihre Leistungsgrenzen stoßen, kaum erkennen können, wann sie von ihren Biorhythmen her ein Leistungshoch oder ein -tief haben.

Mit einbeziehen muß man bei diesen Beobachtungen auch das Wissen um die Kurzzeitrhythmen. Ein Arbeitstag (mit der Arbeitszeit von sieben bis siebzehn Uhr) läßt sich zum Beispiel in vier Abschnitte teilen, was sich nach Uhrzeit und Leistungsprozent wie folgt beschreiben läßt:

7.00 bis 9.30 Uhr = 22,9 %	der Gesamtleistung eines Arbeitstages
9.30 bis 12.00 Uhr = 25,3 %	
12.00 bis 14.30 Uhr = 23,8 %	
14.30 bis 17.00 Uhr = 28,0 %	

Daraus geht hervor, daß unsere Leistung bei Arbeitsbeginn geringer ist und ihren Höhepunkt erst kurz vor Arbeitsschluß erreicht. Das Absinken um die Mittagszeit läßt sich mit Anlaufschwierigkeiten erklären, die nach Pausen regelmäßig auftreten.

Nach diesem kurzen Abstecher nun jedoch wieder zurück zu den Langzeitrhythmen.

Die Auswertung von Biorhythmogrammen hat für die verschiedenen Berufszweige Richtlinien ergeben, an denen man sich bei der Planung seiner Vorhaben orientieren kann. Angegeben werden in diesem Zusammenhang die für Hochleistungen gewünschten günstigen Rhythmenkonstellationen.

Geschäftsleute

Begünstigt sind die Tage, an denen die Kurve des Seelen-

oder bzw. und Geistrhythmus die Hochphase durchläuft. Verträge, Einkäufe, Konferenzen und Geschäftsreisen sollte man nach Möglichkeit an diesen Tagen vornehmen. Schlagfertigkeit, Überzeugungskraft, richtige gefühlsmäßige Einstellung gegenüber dem oder den Partnern sowie richtiges Handeln werden durch die günstige Konstellation der in den seelischen und geistigen Biokurven zum Ausdruck kommenden Rhythmen gefördert.

Betriebsleiter

Menschen in leitender Stellung im Betrieb können die Erkenntnisse der Biorhythmik auf ihre Belegschaft übertragen und Arbeitseinteilungen nach biorhythmologischen Gesichtspunkten vornehmen. Dabei sind Einteilungsmöglichkeiten gegeben im Hinblick auf die anstehenden Arbeiten sowie auch auf die Zusammensetzung von Arbeitsgruppen, deren Mitglieder möglichst übereinstimmende Rhythmenlagen aufweisen sollten.

Geistige Berufe

Forscher und Gelehrte wie auch Schüler und Studenten sollten zur Bewältigung ihrer Arbeit und ihres Lernstoffes die günstige Lage des Seelen- und Geistrhythmus nutzen. Durch das gleichzeitige Zusammenwirken von Unter- und Oberbewußtsein ist eine optimale Ausgangslage zur Lösung schwieriger Gedankengänge und zur Speicherung von Lernstoff gegeben.

Handwerker und Facharbeiter

Sie sind von einer positiven Rhythmenkonstellation der körperlichen und seelischen Kurve begünstigt. Zu dieser Zeit voller Energie und Arbeitslust arbeiten sie am erfolgreichsten und erledigen mühelos auch hochwertige Arbeiten. Gleichzeitig sind die Arbeitenden infolge erhöhter Aufmerksamkeit und guten Reaktionsvermögens geringerer Gefahr von Unfällen ausgesetzt; überdies besteht auch keinerlei Grund zur Sorge vor physischer Überanstrengung.

Juristen
Sie benötigen für ihre Arbeit nicht nur den nötigen Scharfsinn, der sich durch einen positiven Rhythmenstand der Geistkurve ergibt, sondern auch ein Hoch der Körperkurve, das ihnen neben sicheren Gedankenkombinationen auch ein selbstbewußtes, überlegenes Auftreten sichert.

Ärzte
Heilkundige werden sich bei ihrer Arbeit unter zwei verschiedenen Aspekten dem Biorhythmogramm zuwenden: Sie beachten einerseits angesichts schwieriger Entscheidungen oder Arbeiten ihre eigenen Kurven; sie werden sich zum Beispiel für schwierige Operationen die Tage heraussuchen, an denen sie körperliche Ausdauer und nötige Konzentration aufweisen werden. Wenn immer möglich, sollten sie daher die Hochphase des Geist- und Körperrhythmus nutzen.

Andererseits werden sie auch das Biorhythmogramm ihres Patienten beachten und keine Eingriffe an Krisentagen vornehmen, wenn herabgesetzte Abwehrkräfte, Überempfindlichkeit gegen Schmerzen und ein verlangsamtes Reagieren auf Heilmittel zu erwarten sind.

Lehrer
Pädagogen sollten für besonders schwierige erzieherische und lernstoffvermittelnde Aufgaben die Hochphase von

Körper- und Geistrhythmus beachten. Den größten Erfolg verspricht die genannte Rhythmenkonstellation, in der Verstandesklarheit und selbstsicheres Auftreten gewährleistet sind.

Politiker
Für Politiker, bei deren Tätigkeit es auf Schlagfertigkeit, Scharfsinn, rhetorische Treffsicherheit, Witz, Einfallsreichtum und nicht zuletzt auf spielerischen Gedankenfluß ankommt, ist die positive Konstellation der körperlichen und geistigen Kurve ideal.

Künstler
Künstlerisch Tätige sollten den für alle schöpferisch Arbeitenden günstigen Stand eines seelischen Hochs nutzen. Zu diesem Zeitpunkt erhöhten Arbeitsantriebs, gesteigerter Intuition und beschwingter Laune ist eine optimale Ausgangslage zur Vollendung eines Kunstwerkes gegeben. Eine Steigerung dieser Fähigkeiten kann bei einem gleichzeitigen Hoch im Geistrhythmus erwartet werden.

Hausfrauen
Sie sollten sich bei der Planung körperlich besonders anstrengender Arbeiten wie etwa häuslichen Großputzes oder der Einschaltung eines Waschtags eher die Tage auswählen, an denen zumindest der Körperrhythmus die Hochphase durchläuft. Besser noch eignen sich die Tage eines gleichzeitig gegebenen seelischen Hochs, wodurch die körperliche Leistungsfähigkeit durch emotionale Ausgeglichenheit unterstützt wird. Um Unfallgefahren, Überanstrengung und dergleichen zu vermeiden, sollten solche

Arbeiten nicht an kritischen Tagen oder doppelter Minuslagen in Angriff genommen werden.

Autofahrer
Die Autofahrer und überhaupt motorisierte Verkehrsteilnehmer sind gut beraten, an periodischen und halbperiodischen Tagen besonders vorsichtig zu sein. Infolge solcher Rhythmenkonstellationen sind Geistesgegenwart und Reaktionsfähigkeit herabgesetzt, wodurch eine erhöhte Unfallgefahr gegeben ist. Ebenso sollten die Konstellationen doppelter und dreifacher Tieflagen beachtet werden, um möglichen Unglücksfällen vorzubeugen.

Anwendung im Sport

Auf sportlichem Sektor läßt sich die Gesetzmäßigkeit biorhythmischer Leistungsschwankungen besonders gut nachweisen, zumindest überall dort, wo Höchstleistungen herausgefordert werden.

Was oberflächlich mit Pech, Mißgeschick, Krise, Formtief erklärt oder als übertrainiert und dergleichen umschrieben werden kann, ist oft ein Leistungsversagen, das durch die Beachtung der Biorhythmen vermieden werden könnte.

Jede Niederlage eines Favoriten oder einer hochfavorisierten Mannschaft löst Erstaunen und Verblüffung bei den Zuschauern aus. Jeder Kenner der Biorhythmik hingegen kennt genug Beispiele, bei denen sich Niederlagen durch die Biorhythmogramme der Betreffenden erklären lassen; ja mehr noch, er wird Niederlagen und auch Siege mit ziemlicher Sicherheit vorhersagen können, zumal im Hochleistungssport. Für ihn sind derartige Ergebnisse keine Sensationen, sondern lediglich die Auswirkungen von Schwankungen der Biorhythmen, die sich in den Leistungskurven klar zeigen.

Es ist bewiesen und kann von jedem Skeptiker überprüft werden, daß sich ein Sportler in seinem biorhythmischen Hoch besonderer Leistungsfähigkeit und Ausdauer erfreut. Gegenteilige Auswirkungen lassen sich in der Periode eines körperlichen Tiefs beobachten; dann nämlich besteht die Tendenz zu Überanstrengung und Überbelastung trotz eventuell geringerer Trainingseinheiten, und das kann sich nachteilig auswirken.

Die Ignorierung dieser Tatsache, die oft auf Unkenntnis zurückzuführen ist, wurde von vielen Sportlern bereut, die erst zu einem späteren Zeitpunkt den Nutzen der Biorhythmik erkannt haben. Sportverletzungen, Versagen in entscheidenden Situationen und dergleichen mehr waren und sind die Auswirkungen einer ungünstigen Rhythmenkonstellation. Meist erst durch solche Erfahrungen gelangen Trainer und ihre Probanden zur Berücksichtigung biorhythmischer Gesichtspunkte und nehmen diese in ihre Trainingsplanung auf.

In dem bereits erwähnten Buch *Mit Biorhythmik zum Erfolg* hat Hanns Kurth zur Anwendung biorhythmologischer Grundsätze im Sport wie folgt Stellung genommen:

»Es gibt – nach den Erfahrungen der Experten – für den Sportler kein wertvolleres Hilfsmittel als ein streng nach biorhythmischen Gesichtspunkten durchgeführtes Training. Hierbei ist zu beachten, daß der Sportler in der Minuslage jede Überanstrengung vermeiden und nach Möglichkeit lediglich Stiltraining treiben sollte, um in Form zu bleiben. Während der Plusperiode kann das Training dann bis zu den höchsten Anforderungen gesteigert werden.

Es scheint erwiesen, daß ein derart planmäßiges Vorgehen in einem entscheidenden Wettkampf seine Früchte trägt.

Am Tag des Wettkampfes selbst wäre es natürlich am günstigsten, wenn sich der Sportler im biorhythmischen Hoch befände. Darauf müßte auch bei Mannschaftskämpfen in der Weise Rücksicht genommen werden, daß alle diejenigen Teammitglieder ausgeschieden werden, die im Tief stehen. An den Rhythmogrammen läßt sich schon lange Zeit vorher erkennen, wer am Entscheidungstag ein rhythmisches Hoch oder Tief hat, und die jeweilige Rhythmenlage ist oftmals die Erklärung für die Überraschungen, wenn Favoriten versagen oder bisher unbeachtete Außenseiter plötzlich einen Sieg erringen.«

Biorhythmologische Voraussagen von Siegen und Niederlagen sind natürlich nur vertretbar, wenn auch andere Gesichtspunkte nicht außer acht gelassen werden, und diese müssen in die Auswertungen einbezogen werden. So darf sich zum Beispiel die übliche Leistungsqualität der Konkurrenten nicht zu sehr unterscheiden, denn ein Leistungsschwacher wird auch bei günstigster Kurvenkonstellation einem wesentlich stärkeren Gegner unterliegen müssen, selbst wenn sich dessen Kurven sogar in einem Tief befinden. Treffen allerdings zwei gleichwertige Gegner aufeinander, so werden sich die unter biorhythmologischen Gesichtspunkten gemachten Aussagen bestätigen.

Doch nicht die besonders günstige Rhythmenlage am Wettkampftag ist von größter Bedeutung, sondern das biorhythmisch genau auf den Sporttreibenden abgestimmte Training.

H. Benthaus, während siebzehn Jahren erfolgreicher Trainer des Fußballklubs Basel, äußerte sich dazu in der *Winterthurer Zeitung:*

»Ich befasse mich seit etwa zwei Jahren mit der Biorhythmik. Dabei habe ich zunächst einmal durch eigene Erfahrungen herauszufinden versucht, ob sich im Fußball eine Abhängigkeit zwischen der Leistung und der jeweiligen biorhythmischen Phase erkennen läßt. Aufgrund der vorher aufgestellten Rhythmogramme konnte ich vergleichen, inwieweit die tatsächlich erbrachte mit der nach dem Rhythmogramm zu erwartenden Leistung übereinstimmte. Schon nach kurzer Zeit war unverkennbar, daß zwischen dem Leistungsvermögen und der jeweiligen Rhythmenlage ein Zusammenhang bestehen muß.«

Und weiter H. Benthaus an anderer Stelle: »Die praktische Anwendung sollte sich nun nicht darin erschöpfen, daß man aus seinem Spielerkader einfach diejenigen aufstellt, die an diesem Tag die beste Rhythmenlage aufweisen ... Außerdem gilt es, bei der Aufstellung einige andere wichtige Gesichtspunkte zu beachten, wie zum Beispiel das Verständnis zweier oder mehrerer Spieler untereinander, das Eingespieltsein einer Mannschaft: ›Never change a winning team!‹ usw. Darüber hinaus bleibt nämlich immer noch ein sehr weites Feld für die Anwendungsmöglichkeiten der Biorhythmik, und zwar sowohl im Training als auch im Wettkampf.

Es wäre völlig falsch, würde man einen Spieler in der Regenerationsphase oder gar an einem der kritischen Tage im Training zu stark forcieren. Vielmehr sollte man das kraftraubende Konditionstraining in die Plusphase verlegen, wenn der Organismus mit Reserven aufgefüllt und bereit ist, das Maximum zu geben, ohne sich dabei zu verausgaben.

Für den Wettkampf selbst ergeben sich ganz neue Möglichkeiten im Hinblick auf die einzuschlagende Taktik, zumal dann, wenn man auch die Rhythmogramme seiner Gegner kennt. So kann man im Bewußtsein seiner eigenen Stärke voll auf Sieg spielen oder umgekehrt eher auf ein Unentschieden abzielen. Man kann seine Angriffe mehrheitlich auf die schwache Flanke des Gegners verlegen oder seine eigene schwächere Deckungsseite vermehrt schützen. Man kann seinen stärksten Verteidiger gegen den gefährlichsten Stürmer stellen und versuchen, seinen besten Angreifer gegen den schwächsten Abwehrspieler spielen zu lassen.

Dabei sollte man allerdings vermeiden, daß durch Überbewertung der Biorhythmik bei den Spielern Euphorie einerseits und Minderwertigkeitskomplexe andererseits erzeugt werden. Aus diesem Grunde habe ich es immer so gehalten, daß die Spieler selbst ihre Rhythmenlage nicht gekannt haben.

Ich bin aber fest davon überzeugt, daß dem verantwortungsbewußten Trainer mit der Biorhythmik ein Mittel in die Hand gegeben ist, mit dem er die Leistung seiner ihm anvertrauten Spieler steigern kann.«

Dies alles setzt natürlich voraus, daß sich ein Trainer intensiv mit dem Gebiet der Biorhythmik beschäftigt hat. Er muß in der Lage sein, Biorhythmogramme auszuwerten, und wissen, welche Kurvenkonstellationen in der Sportart, in der er als Betreuer wirkt, negativ oder positiv sind. Nicht jede Disziplin verlangt lediglich eine günstige Lage des Körperrhythmus.

Wie in den verschiedenen Berufszweigen spielt es auch im Bereich des Sports eine große Rolle, welche Anforderungen an den Sportler gestellt werden. Ein Boxer wird andere Kurvenkonstellationen nutzen als ein Springreiter.

Zu diesem Sachverhalt sollen an dieser Stelle zumindest einige Anhaltspunkte gegeben werden, indem hier einige exemplarische Beispiele aufgezählt seien.

Schwimmer, Sprinter und Langläufer
Sie benötigen für ihre Sportarten vor allem Kraft und Ausdauer. Günstige Phasen sind für sie dann gegeben, wenn sich die körperliche und die seelische Kurve in der Plusphase befinden. Bei dieser Konstellation wird das vorhandene Kraftpotential zusätzlich noch durch eine gute Kampfmoral unterstützt.

Gewichtheber und andere Kraftsportler
Sie sollten das Hoch ihrer Körperkurve beachten und diese Phase sowohl für gesteigerte Trainingsanstrengungen als auch für Wettkämpfe nutzen. Selbst härteste Belastungen werden zu diesem Zeitpunkt kaum zu körperlichen Schäden führen.

Boxer, Ringer und andere Kampfsportarten
Vorteilhaft sind Hochphasen der Körperkurve, die durch einen günstigen Stand auch des geistigen Rhythmus begleitet sein sollte. Neben Kraft und Ausdauer werden damit nämlich gleichfalls die Reaktions- und Konzentrationsfähigkeit gestärkt, was sich auf diese Sportarten besonders günstig auswirken sollte.

Kunstspringen, Tischtennis, Schach und dergleichen
In Disziplinen, bei denen nicht so sehr Kraft und Stärke, sondern vielmehr Taktik, Technik, Kampfgeist und Spielwitz gefordert sind, sollten die Perioden beachtet werden, in denen die Seelen- und die Geistkurve die Plusphase durchlaufen. Dazu zählen natürlich ebenso einige vornehmlich auf Technik abgestellte Disziplinen der Leichtathletik.

Diese Liste ließe sich jetzt beliebig erweitern; sie müßte jedoch oberflächlich bleiben und sollte deshalb für die einzelnen Bereiche speziell ausgearbeitet werden.

Zum Schluß dieser Ausführungen sei jedoch noch einmal der Hinweis gegeben, daß in den Minus- oder Tiefphasen überdurchschnittlicher Kräfteverschleiß und strapazierendes Krafttraining vermieden werden sollten. Wer diesen Ratschlag befolgt, wird bald auf höhere Leistungen blicken und sich zu dem Personenkreis zählen können, der den Hauptzweck des Sports erkannt hat: Wichtiger als Siege oder Rekorde ist die Gesunderhaltung des Menschen.

Anwendung bei der Krankenbehandlung

Die Zahl praktizierender Ärzte, die ihre Patienten unter Berücksichtigung der Biorhythmik behandeln, liegt in der Bundesrepublik Deutschland inzwischen um die dreitausend. Was anfänglich als eher erstaunlich hohe Zahl angesehen werden könnte, wird verschwindend klein, wenn man sich den Nutzen der Biorhythmik in diesem Bereich verdeutlicht und sich fragt, warum nicht alle Ärzte diese Lehre nutzen und einsetzen.

Was von vielen Ärzten mit fehlender Zeit entschuldigt wird, ist nichts anderes als ein offenkundiges Desinteresse an neuen Gedankengängen, die, weil sie an keiner Universität gelehrt werden, autodidaktisch erworben und vertieft werden müßten. Dabei wären doch gerade die Ärzte, möglichst noch in Zusammenarbeit mit Biologen, ein berufener Kreis von Fachleuten, die durch ihre vielfältigen Vergleichsmöglichkeiten die noch bestehenden Geheimnisse der Biorhythmik aufdecken könnten.

Es ist eine Tatsache, daß die Biorhythmik im Fleisch und Blut des Menschen verankert ist. Aus diesem Grunde sollen die nachfolgenden Ausführungen einen Einblick in die schon bestätigten Erkenntnisse geben und zugleich ein möglicher Anreiz für weitere Bestrebungen sein, durch die das bisherige Anwendungsfeld der Biorhythmik weiter ausgedehnt werden könnte.

Die drei Rhythmen, die Körper, Seele und Geist periodischen Schwankungen unterwerfen, sind für die Praxis des Gesundheitswesens in unterschiedlichem Maße von Bedeutung. Insbesondere sind es der Körper- und der Seelenrhythmus, die durch ihr Kurvenbild Aufschluß über das leibliche Befinden geben können. Erst in den letzten

Jahren wurde zunehmend der Wert auch des Geistrhythmus erkannt.

Einen großen Fortschritt verdanken wir den Erkenntnissen der erst in den letzten Jahrzehnten zu allgemeiner Anerkennung gelangten Psychosomatik. Diese Wissenschaft betont die enge Wechselwirkung, die zwischen Seele, Geist und Körper besteht, und hat im besonderen die Bedeutung seelischer Vorgänge für die Entstehung und den Verlauf körperlicher Krankheiten klargemacht.

Tatsächlich ist ja die seelisch-geistige Gesundheit eine unabdingbare Voraussetzung für ein erfolgreiches, glückliches Leben. Seelische Belastungen führen nicht nur zu Fehlhaltungen und Verhaltensstörungen, sondern auch zu körperlichen Erkrankungen. Das Feld der psychosomatischen Krankheiten, also der seelisch bedingten körperlichen Krankheiten, hat sich in den letzten Jahren ständig erweitert, und es gilt heutzutage als erwiesen, daß der Mehrheit aller Krankheiten psychogene Ursachen zugrunde liegen.

Es ist ganz klar, daß diese neuen und umwälzenden Erkenntnisse der Psychosomatik – die noch heute ein Stiefkind der ärztlichen Ausbildung und infolgedessen keine Domäne der gemeinhin praktizierten Schulmedizin ist – auch der Lehre der Biorhythmik neuen Auftrieb verschafft haben.

Betrachten wir noch einmal die einzelnen Rhythmen im Hinblick auf deren Bedeutung für unsere Gesundheit.

Der Körperrhythmus, der die Schwankungen unserer körperlichen Leistungsfähigkeit und Widerstandskraft anzeigt, bringt vor allem den Zustand alles Grobstofflichen im Körper zum Ausdruck. Ihm zuzuordnen sind alle diejenigen Partien des Körpers, die unserem Willen unterworfen sind; genauer: es ist die quergestreifte Muskulatur, die an allen willentlich gesteuerten Bewegungsabläufen beteiligt ist. Parallel zu diesen rein körperlichen Vorgängen kommen im Körperrhythmus auch die aus dem körperlichen Befinden resultierenden psychischen Kräfte wie Ausdauer, Widerstandskraft, Energie und dergleichen mehr zum Ausdruck.

Was unserem Willen nicht unterworfen ist, sind die durch das vegetative Nervensystem gesteuerten Funktionen (Herztätigkeit, Atmung, Verdauung usw.). Ihre Zustandsschwankungen spiegelt der Seelenrhythmus, der unsere seelischen Kräfte wie höhere Gefühle und Stimmungen (Optimismus oder Pessimismus, gute Laune oder Mißmut, Harmonie oder Unausgeglichenheit, Begeisterung oder Niedergeschlagenheit), aber auch die Kreativität und insbesondere die künstlerische Produktivität und dergleichen beeinflußt.

Wie bereits in Kapitel 4 ausführlich erläutert wurde, sind für diese beiden Rhythmen die kritischen Tage (das Übergangsstadium im Zeichen des Wechsels von der Plus- in die Minusphase oder umgekehrt) von besonderer Bedeutung. Dies trifft auch für die Krankenbehandlung zu, was zuerst von Dr. WILHELM FLIESS erkannt und aufgrund signifikanter Vorkommnisse in seiner Praxis anhand zahlreicher Krankengeschichten nachgewiesen worden war.

HUGO MAX GROSS unterstreicht in seinem (bereits zitierten) Buch die Bedeutung der kritischen Tage wie folgt: »Jahrzehntelange Erfahrungen haben bewiesen, daß an den periodischen und halbperiodischen Tagen eine Geneigtheit des Menschen zu körperlichem und geistigem Versagen besteht.«

Es unterliegt heute keinem Zweifel mehr, daß alle typischen Fehlleistungen – seien sie körperlicher, seelischer oder geistiger Art – mit den Schnittpunkten der sinusförmigen Lebenskurven zusammenfallen, das heißt mit dem Beginn oder der Mitte einer männlichen, weiblichen oder intellektuellen Periode. In diese Phase fallen plötzliche, nicht von außen veranlaßte, sondern aufgrund innerer Disposition eintretende Veränderungen; in dieser Phase treten Anfälle wie Migräne, Koliken, Krämpfe, Herzattakken, Ohnmachten, epileptische oder Wahnsinnsanfälle und Gemütsdepressionen auf; es ist überhaupt die Zeit erhöhter Krisenanfälligkeit für jeden Kranken und erhöhter Todesgefahr. In dieser Phase häufen sich auch Unfälle, zumeist als Folge mangelnder Vorsicht oder mangelnder Konzentration; auch gesteigerte Vergeßlichkeit ist ein typisches Symptom dieser biorhythmischen Situation.

Aber diese Tage wirken sich auch gegenteilig aus. So bringen sie beim gesunden Menschen nach einer längeren Depressionszeit häufig den Auftakt zu körperlichen, seelischen oder intellektuellen Höchstleistungen. Beim Kranken geben sie oft den Anstoß zur kathartischen Krise, sie leiten den Umschwung zur Besserung ein.

Auf jeden Fall sind die periodischen und halbperiodischen Tage sowohl für Gesunde als auch für Kranke sehr bedeutsam und verdienen unsere ernsteste Beachtung. Wenn vielleicht auch die Feststellung paradox klingen mag, daß die periodischen Tage oft den Anstoß zu Höchstleistungen geben, so ist dies doch auch wieder leicht erklärlich, wenn man nämlich bedenkt, daß nach einer längeren Periode der Sammlung die gespeicherte Energie in völlig natürlicher Weise zu plötzlicher Entladung drängt, wofür der periodische Tag gewissermaßen der zündende Funken ist.

Deshalb fallen auch Geburten zu einem sehr hohen Prozentsatz auf die periodischen Tage eines der beiden Substanzrhythmen, das heißt des Körper- und Seelenrhythmus.

Für den Kranken bilden die periodischen Tage gewissermaßen das Barometer, von dem er im voraus die Wendemarken seines Krankheitsprozesses ablesen kann. Deshalb kann man die Vorauskenntnis der periodischen Tage als vielleicht das interessanteste Faktum der ganzen Biorhythmenlehre betrachten. Es ist immer wieder eindrucksvoll festzustellen, mit welcher Genauigkeit sich diese Tage im menschlichen Leben bemerkbar machen.

Wer gesund und leistungsfähig bleiben will, wird sich nach dem individuell mit gesetzmäßiger Regelmäßigkeit ablaufenden »Wellenschlag« seiner verfügbaren Körperkräfte richten müssen, den sein Rhythmogramm im voraus anzeigt. Er wird es vermeiden, in einer Zeit der Minuslage sowohl des Körper- als auch des Seelenrhythmus besonders große Anstrengungen sich aufbürden oder Außergewöhnliches leisten zu wollen, und wird solche gesteigerte Anforderungen, wenn möglich, in die nachfolgenden Plustage verlegen. Jede Überanstrengung in der Minuszeit geht auf Kosten der Substanz; uns Menschen ist aber nur ein ganz bestimmtes Quantum an Lebenskraft gegeben, und ein jeder kann es nur einmal verbrauchen.

Lebt der Mensch vernünftig, teilt er seine Kräfte sinnvoll ein, dann kann er die ihm zur Verfügung stehende Lebensenergie auf eine lange Zeitspanne verteilen und bleibt dabei gesund und leistungsfähig. Glaubt aber jemand, an seinem Potential Raubbau treiben zu können und sich über die notwendige Regeneration seines Kräftespeichers, für die im Pulsschlag seiner natürlichen Biorhythmen gesorgt ist, hinwegsetzen zu können, dann darf er sich nicht wundern, wenn seine Vitalität vorzeitig nachläßt, und zwar sowohl seine Leistungsfähigkeit als auch seine Widerstandskraft; Krankheiten und Beschwerden aller Arten sind die Folge.

Obwohl die Biorhythmen positive oder negative Entwicklungstendenzen bei Krankheiten anzeigen können, sollte man selbstverständlich nicht auf den Rat seines Arztes verzichten. Auftretende Symptome haben ihre Ursachen, und diese sind nicht durch Kurvenkonstellationen zu erklären, da diese ja lediglich eine Schwächung der Widerstandskraft anzeigen können – die allerdings zu der auftretenden Krankheit geführt oder zumindest beigetragen hat.

Wünschenswert ist natürlich, daß der behandelnde Arzt selbst die Lehre der Biorhythmik kennt und diese seine Kenntnisse neben der fachlichen Erfahrung als Arzt zur optimalen Anbahnung von Heilerfolgen einsetzen kann. Ein Arzt kann zu seinem eigenen wie vor allem auch zum Vorteil des Patienten nur profitieren, wenn er weiß, bei welcher Kurvenkonstellation anstrengende Behandlungen unterbleiben sollten, wann man am vorteilhaftesten Heil- und Kräftigungsmittel verabreicht, um die positiven Tendenzen verstärkter Erholungsfähigkeit zu nutzen, und so weiter.

Vor allem aber wird der mit der Lehre der Biorhythmik vertraute Arzt die kritischen Tage beachten, an denen strapaziöse Operationen, wie zum Beispiel schon Kiefereingriffe und dergleichen, unterbleiben sollten. Allgemein günstig für chirurgische Eingriffe sind die Tage, an denen sich der Körper- und der Seelenrhythmus in der Mitte ihrer Hochphase befinden, in der ein verhältnismäßig gutes

Vertragen von Narkosen, geringe Blutungen und rasche Wundheilung beobachtet werden konnten.

Die Biorhythmen haben ihre Auswirkungen auch auf die Schmerzempfindlichkeit, die durchaus nicht immer die gleiche ist. Günstige Tage, das heißt Zeiten, zu denen man viel unempfindlicher gegen Schmerzen ist, sind die einer möglichst hohen Pluskurve, wogegen den periodischen und halbperiodischen Tagen – die ja auch für chirurgische Eingriffe an sich ungünstig sind – auch vom Gesichtspunkt möglichst großer Schmerzfreistellung des Patienten her ausgewichen werden sollte.

Dies sind keineswegs etwa nur Hypothesen, sondern aufgrund ärztlicher Erfahrung gewonnene wertvolle Erkenntnisse, die heutzutage zunehmend Anwendung finden. Hugo Max Gross hat in seiner 1977 erschienenen *Biorhythmik* eine ganze Anzahl von Stellungnahmen bekannter Ärzte zur Lehre der Biorhythmik gesammelt, von denen wir im Folgenden zwei Aussagen wörtlich zitieren. Die eine stammt von Professor Dr. med. Werner Zabel, Berchtesgaden, der sich wie folgt äußerte:

»Durch eine Häufung von Zufällen bin ich auf die Fließsche Periodenlehre gestoßen. Schon die ersten Erfahrungen waren verblüffend, und die weiteren Nachprüfungen haben immer wieder die Angaben von Fließ und Früh bestätigt. In meiner Klinik konnte ich an Sterbefällen, Blutungen nach Operationen, Versagen von Lokalanästhesien usw. bisher in jedem einzelnen Fall die Bestätigung der Fließschen Angaben feststellen, so daß ich keine Operation mehr anrate, wenn ungünstige Rhythmenlagen vorliegen ... An der Nachprüfung der Fließschen Lehre kann die Wissenschaft heute nicht mehr vorbeigehen.«

In ähnlicher Weise äußert sich auch Dr. med. MAX H. WELTI, Zürich:

»Seit Jahren kenne ich die Lehre der Fließschen Biorhythmen und habe mich damit kritisch auseinandergesetzt. Einwandfrei läßt sich nun feststellen, daß Exazerbationen [Verschlimmerung, Ausweitung oder Wiederaufleben] von Krankheiten oder krankhaften Zuständen [Hautleiden, Migräne, Herzattacken] fast immer an solchen Tagen auftreten, die mit Perioden oder Halbperioden koinzidieren. Es scheint mir, ohne die Biorhythmen überbewerten zu wollen, von außerordentlicher Wichtigkeit zu sein, daß sich der heutige Arzt während der Behandlung seiner Patienten zur Erklärung von Besserungen oder Verschlimmerungen der Leiden sowie zum Ansetzen von Operationen die Fließsche Periodenlehre zunutze macht.«

Dem ist kaum noch etwas hinzuzufügen – außer vielleicht die Hoffnung, daß diese ärztlichen Stellungnahmen nicht nur von (gegenwärtigen oder zukünftigen) Patienten, sondern auch von Ärzten gelesen und zur Kenntnis genommen werden.

6. Partnerschaftsvergleiche

Die Biorhythmik und die aus ihr resultierende Möglichkeit, Partnerschaftsvergleiche durchzuführen, ist für ein gutfunktionierendes Gemeinschaftsleben gar nicht hoch genug einzuschätzen.

Was in unserer Gesellschaft im allgemeinen für Spannungen in partnerschaftlichen und ehelichen Verbindungen verantwortlich gemacht wird, wie zum Beispiel emanzipatorische Bestrebungen, das Verlangen nach finanzieller Unabhängigkeit oder sexueller Freizügigkeit usw., ist im Vergleich zu den biorhythmischen Bedingtheiten nur von sekundärer Bedeutung. Aber immer noch haben sehr viele Menschen keine Ahnung von diesen biorhythmischen Bedingtheiten. Kein Wunder, daß sie dann erstaunt sind, wenn sie aufgrund eines Biorhythmogramms von ihren periodischen Schwankungen und den so unterschiedlichen ihres Partners hören und daraus Schlüsse über ihre harmonisch oder problematisch verlaufende Verbindung ziehen können.

Es gibt Lebensgemeinschaften oder Paarsituationen, die über Jahrzehnte bestanden haben, ohne daß die Partner einander richtig gekannt haben. Eine Partnerschaft könnte jedenfalls viel harmonischer gestaltet werden, wenn man

Verständnis für einander aufbringt, das aus der Kenntnis der unterschiedlichen Biorhythmen erwachsen könnte.

Man vermag zweifellos Stimmungstiefpunkte, Depressionen, schlechte Laune, Gereiztheit, Aggressivitäten in Worten und Handlungen und dergleichen viel besser zu verstehen und zu ertragen, wenn man aufgrund von Rhythmogrammen um ein körperliches, seelisches oder geistiges Tief des Partners weiß. Beide Partner bringen aufgrund dieses ihres Wissens ein viel größeres Verständnis für einander auf; das liegt auf der Hand.

Rhythmenverwandtschaft und Rhythmenfremdheit

Wie erklärt sich dieses Phänomen? Um das zu erläutern, muß man sich Folgendes in Erinnerung rufen:

- Nach den Erkenntnissen der modernen Physik ist das gesamte Weltall von Strahlungen erfüllt.
- Unser Erdball und alle anderen Himmelskörper beeinflussen sich in diesem Kräftespiel gegenseitig und verhalten sich gleichzeitig aussendend und empfangend.
- Was sich derart im Makrokosmos abspielt, findet ebenso im Mikrokosmos statt und ist direkt auf den Menschen übertragbar, der in dieses Radiationsgewebe eingeflochten ist.
- Auch der Mensch ist demnach als Sender und Empfänger von Strahlungen anzusehen, deren Vorhandensein und Wirksamkeit außer Zweifel stehen.

Jeder von uns kennt zum Beispiel die – uns dennoch jedesmal von neuem verblüffende – Situation, daß man sich ohne ersichtlichen Grund umschaut und feststellt, daß man, inmitten einer Menschenmenge, genau der Person in die Augen schaut, von der man beobachtet wird. Das Umgekehrte kommt ebenso oft vor: Indem wir einen Menschen besonders scharf fixieren, veranlassen wir ihn zu nervösen Handlungen oder uns anzublicken. Oder: Zwei Menschen, deren Wege sich kreuzen, drehen sich im gleichen Moment um und fühlen sich gegenseitig in ihrer Neugier – oder Sympathie – ertappt.

Solche Beispiele, die jedermann aus eigener Erfahrung bestätigen kann, könnten beliebig fortgesetzt werden, etwa bis hin zum Phänomen der außersinnlichen Wahrnehmung (ASW) – volkstümlich »Telepathie« und »Hellsehen« –, deren erwiesenes Funktionieren von den Parapsychologen auf die von ihnen selbst als nur hypothetisch erklärte »Psi-Energie« zurückgeführt wird: vermutlich ebenfalls Strahlungsenergie.

Die Strahlungen, die von Menschen ausgehen und empfangen werden, schwingen auf unterschiedlichen Wellenlängen. Um die in unterschiedlichen Frequenzen in der Atmosphäre schwingenden Radiowellen empfangen zu können, muß unser Empfänger (Empfangsgerät) auf die Wellenlänge des Senders eingestellt sein. Um einen Menschen »empfangen«, das heißt verstehen und sympathisch finden zu können, muß er »auf unserer Wellenlänge liegen«.

Auf den Menschen, als zugleich Sender und Empfänger, treffen nun also Wellen, die entweder mit der eigenen Schwingungsperiode übereinstimmen oder von ihr abweichen. Dabei sind die Wellen, die mit unseren eigenen übereinstimmen, diejenigen, die uns einen Menschen sympathisch – oder umgekehrt unsympathisch – erscheinen lassen.

Dieses Phänomen hat die Biorhythmik aufgegriffen und anhand zahlreicher Berechnungen untersucht. Der Biorhythmologe spricht daher beim Vergleich der Konstellation zweier Menschen von Rhythmenverwandtschaft oder Rhythmenfremdheit und kann diese durch einfache Berechnungen in Prozenten ausdrücken.

Treffen zwei Menschen zusammen, die am gleichen Tag geboren sind (natürlich auch desselben Jahres), so stimmt ihr Rhythmus hundertprozentig überein. Ebenso verhält es sich, wenn ihre Geburtsdaten genau 58 Jahre und 69 Tage auseinanderliegen, da nach dieser Zeitspanne die Kurven ihren Ausgangspunkt wieder erreicht haben.

Bei allen anderen Menschen läuft der Lebenstakt verschieden, auch wenn die Geburtsdaten nur um einen Tag auseinanderliegen. Dadurch ergibt sich im Fühlen und Handeln der Menschen eine große Anzahl von Abstufungen, die sich aufgrund des unterschiedlichen Verlaufs von Körper-, Seelen- und Geistrhythmus erklären lassen.

Neben dem hundertprozentigen Gleichlauf aller drei Rhythmen gibt es ferner den häufiger auftretenden Fall des Gleichlaufs zweier oder auch nur einer Kurve. Ein Beispiel dafür ergibt sich aus einer Geburtsdifferenz von 644 Tagen, wodurch ein gleicher Verlauf von Körper- und Seelenrhythmus gegeben ist (errechnet aus 23 mal 28 Tagen).

Liegen die Geburtsdaten dagegen nur 23 Tage oder um eine durch 23 teilbare Zahl von Tagen auseinander, so zeigt der Körperrhythmus eine hundertprozentige Übereinstimmung.

Tritt jedoch eine anderthalbfache Differenz von 23, 28 oder 33 Tagen in bezug auf das Geburtsdatum auf, so verlaufen die jeweiligen Kurven asymmetrisch, und der Plusphase des einen Individuums steht die Minusphase des anderen gegenüber. In einem solchen Fall sprechen die Biorhythmologen von einer absoluten Rhythmenfremdheit.

Der Nutzen in der Praxis

Wie sind derartige Partnerschaftsvergleiche in der Praxis einsetzbar, und welchen praktischen Nutzen bringen sie mit sich? Das läßt sich am besten mit dem Hinblick auf die zwischenmenschlichen Beziehungen des täglichen Lebens verdeutlichen.

Das erfolgreiche und harmonische Zusammenwirken zweier oder mehrerer Menschen im Rahmen einer partnerschaftlichen Verbindung, sei es in der Ehe oder sei es im Beruf oder auch in einer Sportmannschaft, setzt Rhythmenverwandtschaft voraus. Die Ehe ist überhaupt nur auf der Grundlage gegenseitiger Sympathie denkbar und auf längere Zeit haltbar.

Dies besagt natürlich nicht, daß unter Ehegatten eine Übereinstimmung aller drei Kurven vorhanden sein sollte. Schon die Verwandtschaft des Körper- oder Seelenrhythmus würde ausreichen. Diese aufgrund einer solchen Rhythmenverwandtschaft gegebene Sympathie ist eine Tatsache: die Sympathie ist vorhanden, und gegenteiligenfalls ist sie nicht vorhanden – genau wie wir das ja auch im Leben erfahren: »Sie (oder er) ist mir so sympathisch!« Hierzu bedarf es keiner zeitgebundenen Gewöhnung; es ist ein natürlicher Sympathiestrom, dem gegenüber jegliches rationales Abwägen überflüssig, aber auch weitgehend unwirksam ist.

Es ist nicht so sehr das, was allgemein Liebe genannt wird, das in einer Ehe zählt (wobei wir uns hier die Erörterung ersparen wollen, was unter Liebe gemeinhin verstanden wird und demgegenüber verstanden werden sollte). Nicht die Liebesflammen von heute und morgen verleihen einer Ehe Bestand. Den »Bund fürs Leben« garantiert die gegenseitige Sympathie, die ein tiefes Verstehen des Partners in sich schließt.

Wir alle kennen genug im Zeichen der Liebe geschlossene Ehen, von denen einige Jahre später nichts übrigblieb – außer der kühl-vernünftigen Einsicht, daß »man sich geirrt« oder »getäuscht« hat. Ab dieser Erkenntnis und Erfahrung stehen sich nicht mehr Mann und Frau gegenüber, sondern Mensch und Mensch. Fehlt dann die Sympathie, ist ein Fortbestehen der Verbindung äußerst problematisch und kann auf die Dauer unerträglich werden.

Beruht andererseits die Partnerbeziehung auf gegenseitiger Sympathie, so ist damit die tragfähige Grundlage für eine lebenslänglich harmonische und daher voraussichtlich glückliche Ehe gegeben.

Die hier zum Thema des Partnerschaftsvergleiches gegebenen Erklärungen mögen für den einen oder anderen Leser reichlich hypothetisch klingen; sie sind es aber nicht. Denn Tausende von Vergleichsrhythmogrammen haben bewiesen, daß Sympathie und Rhythmenverwandtschaft durchaus gleichzusetzen sind. Aus diesem Grunde sollte für Heiratswillige das Vergleichsrhythmogramm ebenso selbstverständlich und beachtenswert werden wie ärztliche Untersuchungen und Blutüberprüfungen, die für amerikanische Paare längst zu einem »Muß« geworden sind.

Von noch größerer Bedeutung werden biorhythmologische Partnerschaftsvergleiche sein, wenn sich Ehewillige durch Heiratsannoncen oder durch die Dienste eines Ehevermittlungsbüros kennengelernt haben. Solchen Bekanntschaften haftet, zumindest am Anfang, ja immer der Nachteil an, daß sich die Partner persönlich nicht gut genug kennen und der eine den anderen, zumal wenn sie weit voneinander entfernt wohnen, nicht oft genug treffen und in der gewohnten Umgebung des Alltags erleben kann. In derartigen Fällen ist der Erweis der Rhythmenverwandtschaft unendlich beruhigend und setzt das Risiko, eine eheliche Verbindung mit einem solchen Partner einzugehen, objektiv herab.

Wie schon erwähnt muß bei Partnerschaftsvergleichen durchaus nicht eine Übereinstimmung aller drei Rhythmen gegeben sein. Dieser Fall kommt ohnehin sehr selten vor und ist obendrein nicht wünschenswert. Eine gewisse, in Grenzen bleibende Gegensätzlichkeit der Rhythmen kann sich sogar sehr positiv auf eine Partnerschaft auswirken.

Will man Partnerschaftsvergleiche über eine eheliche oder Liebesverbindung hinaus – im Hinblick auf das Berufs- und Geschäftsleben, Sport usw. – anstellen, so muß man sich die Eigenschaften und das Einwirkungsfeld der einzelnen Zyklen vor Augen halten.

Wie schon in den vorangegangenen Kapiteln erwähnt wurde, beeinflussen der Körper- und der Seelenrhythmus unsere körperliche Leistungsfähigkeit und Widerstandskraft. Stimmen also bei zwei oder mehreren Partnern diese Kurven überein, so ist damit eine positive Voraussetzung für körperlich geforderte Arbeitsgruppen oder Sportmannschaften gegeben.

Neben ihren Auswirkungen auf die körperliche Konstitution und Leistungsfähigkeit üben aber diese beiden Rhythmen auch ihre Wirkung auf den seelischen Zustand aus. Eine günstige Konstellation hebt die Stimmung, das Selbstvertrauen, steigert die Initiative, den Unternehmungsgeist usw. Von gleichlaufenden Kurven profitieren demzufolge auch all die Menschen, die im Geschäfts- oder Arbeitsleben – in Führungskadern oder Arbeitsteams, bei

Fließbandarbeiten, in Akkordgruppen oder in ähnlichen Verhältnissen – zusammenarbeiten.

Sucht man eine günstige Zusammensetzung von weitgehend intellektuell tätig werdenden Personengruppen, die gemeinsame Forschungsaufgaben bearbeiten, gemeinsame Werbekampagnen durchführen, mit Studien beschäftigt oder mit künstlerischen Aufträgen betraut sind, die im Teamwork ausgeführt werden sollen, so wird man auf die Rhythmenverwandtschaft des Geistrhythmus achten müssen.

Damit ist allerdings keine Aussage darüber gemacht, wie hoch das geistige Potential oder der Intelligenzquotient der einzelnen dieser Zusammenarbeitenden ist oder sein soll. Rhythmenverwandtschaft hat nämlich mit dem Intelligenzniveau nichts zu tun, sondern sie zeigt lediglich die harmonische Übereinstimmung der Beteiligten im Fühlen und Handeln an.

Den eigentlichen Wert der durch die Biorhythmik vermittelten Einsichten erkennt man erst, wenn man sein eigenes Leben mit ihrer Hilfe zu verbessern vermag. Der Biorhythmologe Hans Genuit hat das in seiner *Praxis der Biorhythmik* sehr treffend herausgestellt:

»Der eigentliche Wert solcher Untersuchungen von Mensch zu Mensch besteht darin, daß man sich selber besser kennenlernt, denn die Biorhythmen verraten, wann man positiv-harmonisch und wann reizbar oder unzufrieden ist usw., und daß man feststellen kann, wann diese Tendenzen beim Partner, beim Bekannten, beim Geschäftsfreund usw. bestehen. Wenn man vorher weiß, daß man an diesen oder jenen Tagen reizbar ist, wird man sich mehr zusammennehmen. Überhaupt: Die Feststellung jeder negativen Kurventendenz sollte und müßte letztlich dazu dienen, daß man an diesen Tagen entsprechend vorsichtig ist.

Weiß man negative biorhythmische Tendenzen beim Partner vorher, wird man ihm entsprechendes Verständnis entgegenbringen und nicht noch Öl ins Feuer gießen. Das führt dazu, ihn besser zu verstehen, Komplikationen zu vermeiden und mehr und mehr ein echtes Miteinander als ein unkontrolliert feindliches Nebeneinander zu verwirklichen.

Wer so bemüht ist, sinnvoll zu leben, wird auch einem Menschen, dessen Kurven er nicht kennt, mehr Verständnis entgegenbringen, wenn dieser sich aggressiv oder sonstwie irgendwie merkwürdig verhält. Alles verstehen heißt zwar nicht alles verzeihen, wohl aber bestrebt sein, die richtige Einstellung zu jemandem zu finden.

Ich kenne Menschen, die seit Jahren biorhythmologische Partnerschaftsvergleiche aufstellen – sie und der Briefträger, sie und der Kaufmann an der Ecke, sie und der Kellner in ihrem Lieblingsrestaurant usw. Das Ergebnis: Diese Menschen sind ›menschlicher‹ geworden, sie sind nicht nur selbst innerlich gewachsen, haben sich entwickelt, sondern ihr Blick für das Geschehen um sie herum hat sich geschärft, sie verstehen ihre Mitmenschen besser, und ihr eigenes Leben verläuft harmonischer und auch erfolgreicher.«

Beispiel eines Partnerrhythmogramms

Es handelt sich um das Partnerrhythmogramm für Caroline von Monaco und Philippe Junot. Geburtsdaten: Caroline 23. Januar 1957; Philippe 19. April 1940.

Unten sehen Sie das Schaubild des erwähnten Partnerrhythmogramms. Wir bilden es hier so (in der satz- und drucktechnisch reichlich mangelhaften Form) ab, wie es vom Computer ausgedruckt wurde, damit Sie sehen können, wie ein solches Computer-Partnerrhythmogramm aussieht.

In diesem Partnerrhythmogramm scheinen die Differenzen der Kurven (des Körper-, Seelen- und Geistrhythmus) der Partner in Prozentwerten auf. Ideal sind Kurvendifferenzen bis zu höchstens 15 Prozent, günstig solche bis zu 50 Prozent; größere Differenzen sind ungünstig. Bei einer Differenz von 100 Prozent verlaufen die entsprechenden Kurven einander entgegengesetzt, das heißt, ein Hoch bei dem einen Partner fällt jeweils mit einem Tief beim anderen Partner zusammen. Je enger die eine oder andere der entsprechenden Kurven parallel verläuft, desto größer ist die Rhythmenverwandtschaft und damit die Tendenz zu lebenslangem partnerschaftlichem Verständnis. Eine annähernde Übereinstimmung aller drei Kurven kommt in der Praxis nicht vor.

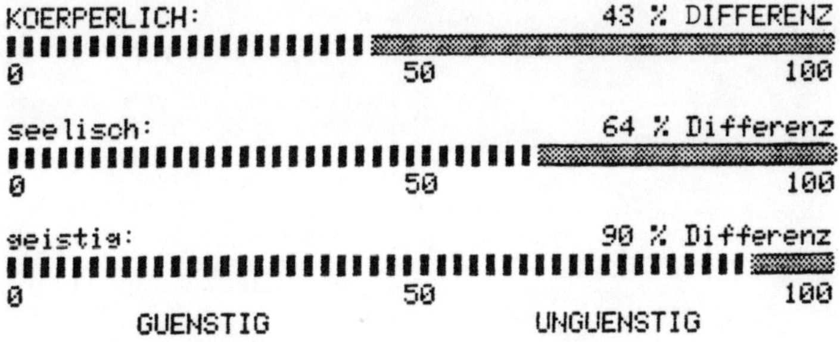

Auswertung: Die biorhythmischen Übereinstimmungen der Partner sind gering, im Geistigen minimal. Die höchste Übereinstimmung findet sich im körperlichen Bereich, woraus geschlossen werden kann, daß diese Verbindung vorwiegend auf der Grundlage betont körperlicher Betätigung – Sport, gesellschaftliche Aktivitäten, Sexus – liegt. Die Brauteltern waren von Anfang an gegen diese Verbindung. Die Zeit hat gezeigt, daß die Bedenken berechtigt waren. Die biorhythmologisch ermittelte Konstellation hat bewiesen, daß diese Verbindung nicht von Dauer sein konnte.

7. Resümee und Zukunftsaspekte

Bevor wir zum rein praktischen Teil dieses Buches übergehen, drängt es sich auf, im Folgenden eine stichwortartige Zusammenfassung zum Thema der Biorhythmik und dieser Veröffentlichung zu bieten. Sie soll einerseits eine ordnende Übersicht gewährleisten und andererseits unkritischen Übertreibungen oder willkürlichen Ausweitungen ins Phantastische entgegenwirken.

Der Leser dieses Buches soll sich nicht dem Druck übertriebener Verheißungen, gleichsam einem mehr als rhythmologischen Zugzwang, ausgesetzt fühlen (nichts läge mir ferner). Dieses Buch soll einfach über ein lohnendes Thema informieren und den Leser ermutigen, dieser Lektüre eigene Gedanken, Beobachtungen und Erfahrungen anzuschließen, die der Lehre der Biorhythmik sowie ihrer Verbreitung und Nutzung nur zuträglich sein können.

Diesem Bemühen um größtmögliche Objektivität entspricht es, hier nochmals zu betonen, daß zur Zeit ein absoluter Beweis für die Richtigkeit der Biorhythmik im Sinne einer gültigen Theorie nicht erbracht werden kann. (Bis heute gibt es allerdings auch keine gültige Theorie der Elektrizität, deren wir uns tagtäglich unbesorgt bedienen – auch diese Tatsache muß betont werden!) So kann sich denn die Biorhythmik nur auf eine Fülle von Erfahrungswerten und beobachtbarer Phänomene stützen – die den Kritikern der Lehre vermutlich weiterhin nicht genügen werden.

Aus allen diesen Gründen wurde in diesem Buch jede Art dogmatischer Festlegung vermieden, so daß Urteilsbildungen und Interpretationen in alle Richtungen freibleiben.

Fassen wir zusammen:

1. Die Biorhythmik ist ein in den Kinderschuhen stehender, von der Schulwissenschaft noch nicht anerkannter Forschungszweig. Aus dieser Tatsache erklärt sich die Aufspaltung ihres Lagers in Befürworter und Kritiker, die sich einerseits ganz und gar dieser Lehre widmen oder sie andererseits kompromißlos ablehnen.
2. Ungeachtet der fehlenden, wissenschaftlich anerkannten Beweise, die zu erbringen sein müßten, ist die Biorhythmik jedoch empirisch nachweisbar und durch Tausende von Untersuchungen abgesichert. Es entspricht der Natur des Untersuchungsgegenstandes, daß die auftretenden Phänomene nicht beliebig vorführbar oder wiederholbar sind, sondern nur aufgrund ihrer statistischen Signifikanz die Richtigkeit der biorhythmischen Erkenntnisse für wahrscheinlich halten lassen.
3. Viele wissenschaftliche Forschungsergebnisse haben anfänglich Ablehnung erfahren und sich trotzdem mit der Zeit durchgesetzt. An diesem noch unentschiedenen Punkt steht momentan auch die Biorhythmik. Sie ist auf die Unvoreingenommenheit, das Interesse und den Pioniergeist aller aufgeschlossenen Menschen angewiesen.
4. Ungeachtet all der nicht schüchternen Stimmen der Kritik wird die Biorhythmik im Hinblick auf bereits ge-

machte positive Erfahrungen in den verschiedenartigsten Bereichen von Millionen Menschen weltweit genutzt. Dabei wirkt sich positiv aus, daß es kaum ein Gebiet menschlicher Aktivität, kein Tun und Lassen gibt, das nicht den biorhythmischen Einflüssen unterworfen ist. Jeder Mensch kann daher das vorhandene Wissen für sich ausnutzen und es in gesundheitlicher, partnerschaftlicher, beruflicher oder sportlicher Hinsicht verwerten.

5. Die Menschheit besteht aus der Summe aller Individuen. Kein Mensch ist dem anderen gleich, kein Charakter, kein Naturell gleicht völlig dem anderen. Die Biorhythmen wirken sich daher nicht auf jeden Menschen völlig gleichwertig aus und müssen deshalb von jedem einzelnen erkundet und ausgewertet werden. Glaubt jemand an sich keinerlei Beeinflussungen feststellen zu können, so kann dies verschiedene Gründe haben. Vereinzelte sehr robuste, wenig sensible Menschen nehmen gar keine Notiz von den doch eher subtilen Schwankungen ihres Fühlens und Handelns. Oder der einzelne hat sich ein Beobachtungsfeld ausgewählt, auf dem unter den individuell gegebenen Umständen biorhythmische Schwankungen nur schwer nachzuweisen sind (bei einem sehr gemütlichen Job oder Sport lassen sich mangels herausfordernder Belastungen nur schwerlich Leistungsstärken oder -schwächen erkennen). Oder der einzelne macht sich von der Biorhythmik falsche Vorstellungen, indem er sie zum Beispiel mit Astrologie in Zusammenhang bringt und daher, völlig zu Unrecht, bestätigende Hinweise auf in einem Horoskop angekündigte Ereignisse in bezug auf seine Gesundheit oder sein Verhältnis zum Partner erwartet.

6. Ein falsches Verständnis der Biorhythmik birgt auch Gefahren in sich. Ängstliche Menschen könnten sich nämlich durch ein ungünstiges Biorhythmogramm verunsichert fühlen und in allem übervorsichtig und geradezu gehemmt reagieren. Andere wiederum überschätzen die Auswirkungen einer günstigen Rhythmenkonstellation und bringen sich selbst durch die Übertreibung ihrer Hochstimmung und puren Übermut in gefährliche Situationen. Beachten Sie, daß die Biorhythmen nur Tendenzen angeben und eine negative Konstellation der Kurven noch lange keine Unheilsankündigung ist; sie ist vielmehr als Hinweis aufzufassen, in dieser Regenerationsphase Höchstbelastungen zu vermeiden, sich im ganzen eher zurückzuhalten und seinem Körper Zeit zur Erholung zu geben. Reagieren Sie also trotz Einblicks in Ihren Rhythmenstand normal, das heißt angemessen und vernünftig.

Bei intensiver Beschäftigung wird jeder Mensch an sich Auswirkungen der biorhythmischen Schwankungen feststellen und für sich Anwendungsmöglichkeiten der Biorhythmik entdecken können, zumindest in allen jenen Bereichen, die in diesem Buch bereits ausführlich erörtert wurden (Gesunderhaltung, Beruf, Sport, Partnerschaft). Das gesamte Wirkungsfeld der Biorhythmen wird jedoch wahrscheinlich sehr viel größer sein als das, was uns heute bekannt ist.

Die nachfolgend angeführten Beispiele sollen nur Hinweise sein, die uns bewußtmachen, auf welchen überraschend neuen Anwendungsgebieten sich die Biorhythmik in Zukunft noch als wertvoll erweisen könnte.

- Schon jetzt werden Versuche unternommen, Geschlechtsvorhersagen von Ungeborenen zu machen, indem man die Rhythmenkonstellationen der Partner zur Empfängniszeit zueinander in Beziehung setzt.

- Versucht wird auch, die Frage der Verträglichkeit von Bluttransfusionen aufgrund der Rhythmenverwandtschaft bzw. Rhythmenfremdheit von Spendern und Empfängern zu klären.
- Ebenso erhofft man sich rhythmologische Aufschlüsse, um bei geplanten Organtransplantationen Abwehrreaktionen vorhersehen und vermeiden zu können.
- In der Unfallforschung werden die schon bekannten Ergebnisse differenziert und in der Unfallverhütung verstärkt eingesetzt.

Ich möchte zum praktischen Schlußteil dieses Buches nicht übergehen, ohne Sie nochmals an die großen Leitgedanken zu erinnern, die seinerzeit zur Entdeckung der Lehre der Biorhythmik geführt haben:

Alles Leben in der Natur folgt bestimmten Rhythmen. Im Wechsel der Jahreszeiten und jenem von Tag und Nacht erkennt man Perioden des Wachstums und der Entfaltung und Perioden der Ruhe und Erholung. Auch das Kräftepotential des Menschen unterliegt – als wäre es ein anderes Spiel der Gezeiten – Schwankungen, die sich in unserer Gesundheit, unserer Gemütsverfassung und Leistungsfähigkeit niederschlagen. Und genau diese Schwankungen sind Gegenstand der Lehre der Biorhythmik.

8. Die Erstellung eines Biorhythmogramms

Zunächst errechnet man die Lebenstage von der Geburt bis zum Stichtag

Beispiel: Geboren am 1. 7. 1951; Stichtag 15. 1. 1982.

1. Die Errechnung der Lebenstage nach vollen Jahren laut Tabelle 1 (Seite 105) für 30 volle Jahre ergibt 10 950 Tage.
2. Die Errechnung der Resttage vom 1. 7. 81 bis 15. 1. 82 laut Tabelle 2 (Seite 106) ergibt 199 Tage.
3. Die Errechnung der Schaltjahre bzw. Schalttage laut Tabelle 3 (Seite 110) von 1951 bis 1982 ergibt 8 Jahre, also 8 Tage.

Somit ergibt sich folgende Aufstellung:

Tage der Lebensjahre	= 10 950
+ Resttage des Lebensjahres	= 199
+ Schalttage im Leben bis Stichtag	= 8
Somit insgesamt	= 11 157 Tage

Die so ermittelte Zahl wird nun durch die drei für den Körper-, den Seelen- und Geistrhythmus maßgebenden Zykluszahlen 23, 28 und 33 dividiert. Aufgrund dieser Rechenoperationen erhält man den Tagesstand im jeweiligen Rhythmus:

Körperhythmus	11 157 : 23 = 485	Rest	2 Tage
Seelenrhythmus	11 157 : 28 = 398	Rest	13 Tage
Geistrhythmus	11 157 : 33 = 338	Rest	3 Tage

Das heißt, daß im körperlichen Rhythmus bis zum Stichtag 485 Perioden im 23-Tag-Zyklus gelaufen sind und der 2. Tag in der nächsten Periode erreicht ist. Im seelischen Rhythmus sind 398 Perioden gelaufen und der 13. Tag erreicht, und im geistigen Rhythmus sind 338 Perioden gelaufen und der 3. Tag erreicht.

Diese so ermittelten Tageszahlen lassen sich graphisch recht einfach darstellen. Nehmen Sie als Anhaltspunkt die Schaubilder aus diesem Buch als Grundlage, die Sie in Kapitel 2 (»Die verschiedenen Biorhythmen«) finden.

Auf Millimeterpapier übertragen und fortgeschrieben für das ganze Jahr ergibt sich eine praxisgerechte Handhabung. Haben Sie einmal den Tagesstand der drei Kurven errechnet, ergibt sich eine problemlose Fortschreibung.

Im Hinblick auf unser Beispiel sieht die Fortschreibung wie folgt aus:

1982	Körperkurve	Seelenkurve	Geistkurve
15. 1.	2	13	3
16. 1.	3	14	4
17. 1.	4	15	5
18. 1.	5	16	6
19. 1.	6	17	7
20. 1.	7	18	8
21. 1.	8	19	9
22. 1.	9	20	10
23 1.	10	21	11

1982	Körperkurve	Seelenkurve	Geistkurve
24. 1.	11	22	12
25. 1.	12	23	13
26. 1.	13	24	14
27. 1.	14	25	15
28. 1.	15	26	16
29. 1.	16	27	17
30. 1.	17	28	18
31. 1.	18	1	19
1. 2.	19	2	20
2. 2.	20	3	21
3. 2.	21	4	22
4. 2.	22	5	23
5. 2.	23	6	24
6. 2.	1	7	25
7. 2.	2	8	26
8. 2.	3	9	27
9. 2.	4	10	28
10. 2.	5	11	29
11. 2.	6	12	30
12. 2.	7	13	31
13. 2.	8	14	32
14. 2.	9	15	33
15. 2.	10	16	1
16. 2.	11	17	2
17. 2.	12	18	3
18. 2.	13	19	4

Das vorstehende Berechnungsbeispiel beruht also auf der Ermittlung der Restzahlen, die sich bei der Division des Tagesstandes (11 157) durch die Zykluszahlen (23, 28, 33) ergeben. Bei der Berechnung mit einem Taschenrechner ergeben sich in der Regel keine Reste, sondern Dezimalstellen hinter dem Komma (außer bei Ergebnissen ohne Rest); diese Werte, die umzurechnen wären, entnimmt man der Tabelle 4 (Seite 111) und kommt damit in unserem Beispiel *auf den Rhythmusstand:*

Körperhythmus	11 157 : 23	= 485,086	=	2 Resttage
Seelenrhythmus	11 157 : 28	= 398,464	=	13 Resttage
Geistrhythmus	11 157 : 33	= 338,090	=	3 Resttage

Die so ermittelten Zahlen geben nun den jeweiligen Rhythmusstand im 23-, 28- und 33-Tage-Zyklus des Körper-, Seelen- und Geistrhythmus an.

Ein weiteres Beispiel: Geboren am 27. 8. 1913; Stichtag 13. 3. 1946.

1. Die Errechnung der Lebenstage nach vollen Jahren
   laut Tabelle 1 (Seite 105) für 32 volle Jahre ergibt 11 680 Tage.
2. Die Errechnung der Resttage vom 27. 8. 45 bis 13. 3. 46
   laut Tabelle 2 (Seite 106) ergibt 199 Tage.
3. Die Errechnung der Schaltjahre bzw. Schalttage
   laut Tabelle 3 (Seite 110) ergibt 8 Tage.
   gesamt 11 887 Tage.

Wiederum dividiert man nun den Tagesstand durch die Zykluszahlen und kommt dann mit der dreistelligen Endziffer der Tabelle 4 (Seite 111) auf die folgenden Resttage und somit auf den Rhythmusstand:

Körperrhythmus	11 887 : 23	= 516,826	=	19 Resttage
Seelenrhythmus	11 887 : 28	= 424,535	=	15 Resttage
Geistrhythmus	11 887 : 33	= 360,212	=	07 Resttage

9. Demonstrative Beispiele

Nachdem Sie nun in der Lage sind, ein Biorhythmogramm selbst zu erstellen, möchten wir Ihnen die praktische Anwendung biorhythmischer Grundsätze anhand einiger signifikanter Beispiele demonstrieren.

Beispiel 1: Niki Lauda

Der sieggewohnte Autorennfahrer Niki Lauda – geboren am 22. Februar 1949 – verunglückte am 1. August 1976 auf dem Nürburgring. Er erlitt bei dem schweren Unfall starke Brandverletzungen.

Das Biorhythmogramm weist stark negative Tendenzen auf. Die Körperkurve hatte ihren tiefsten Stand erreicht, die Geistkurve war ebenfalls gefährlich tief im Minus. Die Seelenkurve bewegte sich zwar in die Plusphase, war aber noch im Minusbereich. Für einen körperlich und geistig auf das äußerste geforderten Rennfahrer eine höchst gefährliche Konstellation, wie der Unfall beweist.

Biorhythmologen hätten Niki Lauda empfohlen, an diesem Tag nicht alles auf eine Karte zu setzen, sondern passiv bei doppelter Aufmerksamkeit zu fahren. Denn für jenen verhängnisvollen Tag sah Niki Laudas Biorhythmogramm – das hier in einem vom Computer ausgeworfenen Schaubild gezeigt wird – wie folgt aus:

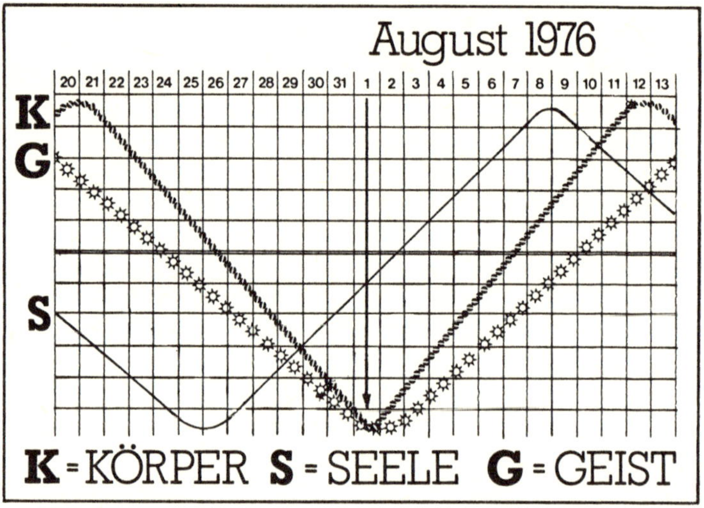

Beispiel 2: Liz Taylor

Die Schauspielerin Liz Taylor – geboren am 27. Februar 1932 in London – mußte am 7. Oktober 1976 plötzlich die Dreharbeiten zu einem Film abbrechen. Sie litt unter Schwindelgefühlen, Migräne und hohem Fieber. Dieses Krankheitsbild resultierte aus einer Nebenhöhlenentzündung und hielt etwa eine Woche lang an.

Die Geistkurve ihres Biorhythmus hatte kurz vor dem 7. Oktober ihren Nullpunkt erreicht. Die negativen körperlichen Tendenzen wurden am nächsten Tag noch sichtbarer, weil die absteigende Körperkurve die Mittellinie und fast gleichzeitig die Seelenkurve kreuzte und drei

Tage später auch noch die Kreuzung der Seelenkurve stattfand. Zwar erreichte die Körperkurve am 14. Oktober den Nullpunkt, jedoch kreuzte auch die Geistkurve aufsteigend die Mittellinie, was das allgemeine körperliche Mißbefinden beenden ließ.

Den Beweis für Beginn und Ende dieser akuten Erkrankung findet man in dem nachstehenden, vom Computer ausgeworfenen Schaubild anschaulich dargestellt.

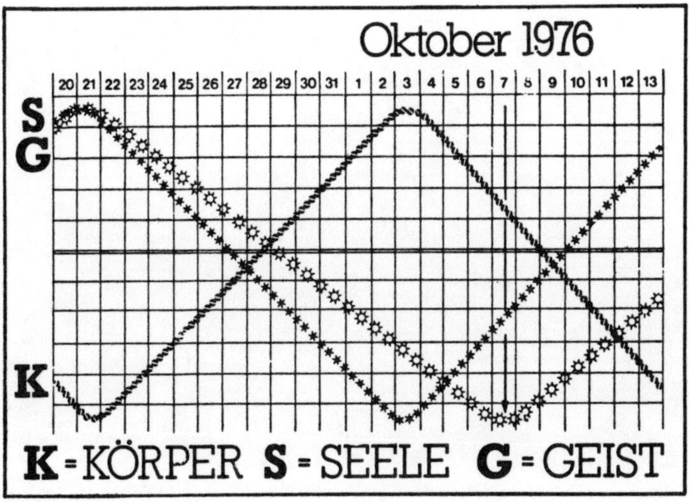

Beispiel 3: Hans Joachim Kulenkampff

Der Showmaster Hans Joachim Kulenkampff – geboren am 27. April 1921 in Bremen – litt in seiner Fernseh-Livesendung »Wie hätten Sie's denn gerne« vom 12. Januar 1977 unter geistiger Abgeschlafftheit und Konzentrationsstörungen, wie man es von ihm nicht gewohnt war.

Die Körper- und Seelenkurve hatten an diesem Tag ihren allertiefsten Stand erreicht. Die Geistkurve war abfallend im Minusbereich. Am nächsten Tag fand dazu noch die Kreuzung der Körper- mit der Seelenkurve an deren Tiefstand statt. Diese Rhythmenkonstellation – die nachstehend in dem vom Computer ausgeworfenen Schaubild verdeutlicht wird – konnte sich für den sonst so erfolgreichen Fernsehstar nicht günstig auswirken.

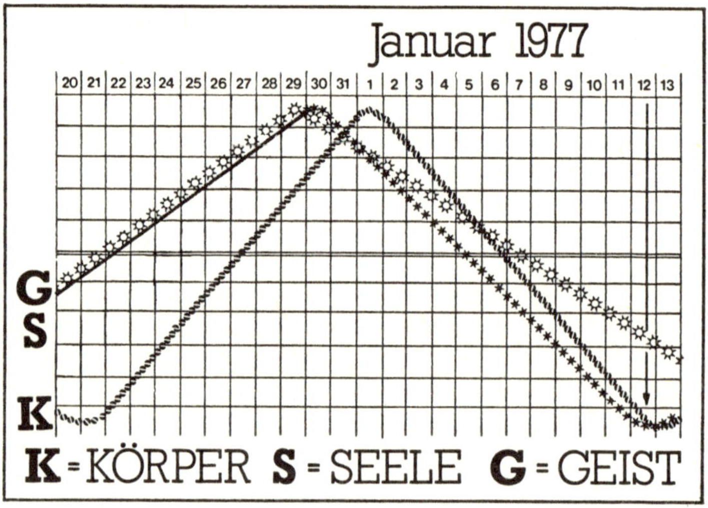

Anhang: Tabellen

TABELLE 1: DIE ANZAHL DER TAGE VOLLER LEBENSJAHRE VON EINEM BIS ZU 99 JAHREN

Jahre	Tage	Jahre	Tage	Jahre	Tage
1	365	34	12 410	67	24 455
2	730	35	12 775	68	24 820
3	1 095	36	13 140	69	25 185
4	1 460	37	13 505	70	25 550
5	1 825	38	13 870	71	25 915
6	2 190	39	14 235	72	26 280
7	2 555	40	14 600	73	26 645
8	2 920	41	14 965	74	27 010
9	3 285	42	15 330	75	27 375
10	3 650	43	15 695	76	27 740
11	4 015	44	16 060	77	28 105
12	4 380	45	16 425	78	28 470
13	4 745	46	16 790	79	28 835
14	5 110	47	17 155	80	29 200
15	5 475	48	17 520	81	29 565
16	5 840	49	17 885	82	29 930
17	6 205	50	18 250	83	30 295
18	6 570	51	18 615	84	30 660
19	6 935	52	18 980	85	31 025
20	7 300	53	19 345	86	31 390
21	7 665	54	19 710	87	31 755
22	8 030	55	20 075	88	32 120
23	8 395	56	20 440	89	32 485
24	8 760	57	20 805	90	32 850
25	9 125	58	21 170	91	33 215
26	9 490	59	21 535	92	33 580
27	9 855	60	21 900	93	33 945
28	10 220	61	22 265	94	34 310
29	10 585	62	22 630	95	34 675
30	10 950	63	22 995	96	35 040
31	11 315	64	23 360	97	35 405
32	11 680	65	23 725	98	35 770
33	12 045	66	24 090	99	36 135

TABELLE 2: DIE ANZAHL DER TAGE ZUR ERMITTLUNG DER VOM LETZTEN GEBURTSTAG BIS ZUM STICHTAG GELEBTEN TAGE

Januar		Februar		März	
Datum	Tage	Datum	Tage	Datum	Tage
1.	1	1.	32	1.	60
2.	2	2.	33	2.	61
3.	3	3.	34	3.	62
4.	4	4.	35	4.	63
5.	5	5.	36	5.	64
6.	6	6.	37	6.	65
7.	7	7.	38	7.	66
8.	8	8.	39	8.	67
9.	9	9.	40	9.	68
10.	10	10.	41	10.	69
11.	11	11.	42	11.	70
12.	12	12.	43	12.	71
13.	13	13.	44	13.	72
14.	14	14.	45	14.	73
15.	15	15.	46	15.	74
16.	16	16.	47	16.	75
17.	17	17.	48	17.	76
18.	18	18.	49	18.	77
19.	19	19.	50	19.	78
20.	20	20.	51	20.	79
21.	21	21.	52	21.	80
22.	22	22.	53	22.	81
23.	23	23.	54	23.	82
24.	24	24.	55	24.	83
25.	25	25.	56	25.	84
26.	26	26.	57	26.	85
27.	27	27.	58	27.	86
28.	28	28.	59	28.	87
29.	29			29.	88
30.	30			30.	89
31.	31			31.	90

April		Mai		Juni	
Datum	Tage	Datum	Tage	Datum	Tage
1.	91	1.	121	1.	152
2.	92	2.	122	2.	153
3.	93	3.	123	3.	154
4.	94	4.	124	4.	155
5.	95	5.	125	5.	156
6.	96	6.	126	6.	157
7.	97	7.	127	7.	158
8.	98	8.	128	8.	159
9.	99	9.	129	9.	160
10.	100	10.	130	10.	161
11.	101	11.	131	11.	162
12.	102	12.	132	12.	163
13.	103	13.	133	13.	164
14.	104	14.	134	14.	165
15.	105	15.	135	15.	166
16.	106	16.	136	16.	167
17.	107	17.	137	17.	168
18.	108	18.	138	18.	169
19.	109	19.	139	19.	170
20.	110	20.	140	20.	171
21.	111	21.	141	21.	172
22.	112	22.	142	22.	173
23.	113	23.	143	23.	174
24.	114	24.	144	24.	175
25.	115	25.	145	25.	176
26.	116	26.	146	26.	177
27.	117	27.	147	27.	178
28.	118	28.	148	28.	179
29.	119	29.	149	29.	180
30.	120	30.	150	30.	181
		31.	151		

Juli		August		September	
Datum	Tage	Datum	Tage	Datum	Tage
1.	182	1.	213	1.	244
2.	183	2.	214	2.	245
3.	184	3.	215	3.	246
4.	185	4.	216	4.	247
5.	186	5.	217	5.	248
6.	187	6.	218	6.	249
7.	188	7.	219	7.	250
8.	189	8.	220	8.	251
9.	190	9.	221	9.	252
10.	191	10.	222	10.	253
11.	192	11.	223	11.	254
12.	193	12.	224	12.	255
13.	194	13.	225	13.	256
14.	195	14.	226	14.	257
15.	196	15.	227	15.	258
16.	197	16.	228	16.	259
17.	198	17.	229	17.	260
18.	199	18.	230	18.	261
19.	200	19.	231	19.	262
20.	201	20.	232	20.	263
21.	202	21.	233	21.	264
22.	203	22.	234	22.	265
23.	204	23.	235	23.	266
24.	205	24.	236	24.	267
25.	206	25.	237	25.	268
26.	207	26.	238	26.	269
27.	208	27.	239	27.	270
28.	209	28.	240	28.	271
29.	210	29.	241	29.	272
30.	211	30.	242	30.	273
31.	212	31.	243		

Oktober		November		Dezember	
Datum	Tage	Datum	Tage	Datum	Tage
1.	274	1.	305	1.	335
2.	275	2.	306	2.	336
3.	276	3.	307	3.	337
4.	277	4.	308	4.	338
5.	278	5.	309	5.	339
6.	279	6.	310	6.	340
7.	280	7.	311	7.	341
8.	281	8.	312	8.	342
9.	282	9.	313	9.	343
10.	283	10.	314	10.	344
11.	284	11.	315	11.	345
12.	285	12.	316	12.	346
13.	286	13.	317	13.	347
14.	287	14.	318	14.	348
15.	288	15.	319	15.	349
16.	289	16.	320	16.	350
17.	290	17.	321	17.	351
18.	291	18.	322	18.	352
19.	292	19.	323	19.	353
20.	293	20.	324	20.	354
21.	294	21.	325	21.	355
22.	295	22.	326	22.	356
23.	296	23.	327	23.	357
24.	297	24.	328	24.	358
25.	298	25.	329	25.	359
26.	299	26.	330	26.	360
27.	300	27.	331	27.	361
28.	301	28.	332	28.	362
29.	302	29.	333	29.	363
30.	303	30.	334	30.	364
31.	304			31.	365

Tabelle 3: Übersicht über die Schaltjahre

1836	1912	1984
1840	1916	1988
1844	1920	1992
1848	1924	1996
1852	1928	2000
1856	1932	2004
1860	1936	2008
1864	1940	2012
1868	1944	2016
1872	1948	2020
1876	1952	2024
1880	1956	2028
1884	1960	2032
1888	1964	2036
1892	1968	2040
1896	1972	2044
1904	1976	2048
1908	1980	2052

TABELLE 4: DIE ERMITTLUNG DER RESTTAGE IN DEN DREI ZYKLEN – *Angaben in Tausendsteln (in Dezimalstellen hinter dem Komma) umgewertet in Tage*

Körperkurve 23-Tage-Rhythmus	Seelenkurve 28-Tage-Rhythmus	Geistkurve 33-Tage-Rhythmus	Tage
0	0	0	0
043	035	030	1
086	071	060	2
130	107	090	3
173	142	121	4
217	178	151	5
260	214	181	6
304	250	212	7
347	285	242	8
391	321	272	9
434	357	303	10
478	392	333	11
521	428	363	12
565	464	393	13
608	500	424	14
652	535	454	15
695	571	484	16
739	607	515	17
782	642	545	18
826	678	575	19
869	714	606	20
913	750	636	21
956	785	666	22
0	821	696	23
	857	727	24
	892	757	25
	928	787	26
	964	818	27
	0	848	28
		878	29
		909	30
		939	31
		969	32
		0	33

Literaturhinweise

APPEL, Walter A.: Biorhythmik, die neue Lebenshilfe. Niederhausen, 1978.

BRUGUEROLLE, B., und BOUYARD, P.: Rhythmes biologiques et chronopharmacologie. In: Ann. Anest. Franc. 17/3 (385 – 392), 1976.

BÜNNING, E.: Die physiologische Uhr. Berlin/Göttingen/Heidelberg, 1963.

FLIESS, Wilhelm: Zur Periodenlehre. Jena, 1925.

FRÜH, Hans: Triumph der Lebensrhythmen. Büdingen, 1954.

FRÜH, Hans, und SCHLIEPER, Hans: Die Biodynamik, ein Kerngesetz der lebendigen Natur. Im Selbstverlag, 1965.

GENUIT, Hans: Praxis der Biorhythmik. Bietigheim, 1977.

GROSS, Hugo Max: Biorhythmik. München, 1977.

KURTH, Hanns: Mit Biorhythmik zum Erfolg. Kleinjörl, 1976.

O'NEIL, Barbara, und PHILLIPS, Richard: Biorhythms – how to live with your life cycles. Pasadena, 1975.

SCHMID, Horst: Biorhythmik, die neue Lebenshilfe. Köln, 1980.

WILKES, Malte W.: Der Biorhythmus bestimmt unser Leben. München, 1979.